Inhalt

Unterwegs

1 Auf meinem Mustang jag ich geschwind
bergauf und bergab, schnell wie der Wind!

2 An mir vorbei rauscht die Welt wie im Flug,
ich seh, hör, riech, spüre wirklich genug!

3 Seh eine Schlange aus dem Wasser dort,
glitzernd und glänzend bewegt sie sich fort!

4 Hör ein Konzert, das so großartig klingt,
wer dort in den Bäumen wohl so schön singt?

5 Riech ein süßes Parfüm in der Luft,
was ist das für ein erfrischender Duft?

6 Spür einen Arm mit Knospen dann,
wie der mich schrecklich kratzen kann!

7 Mein Drahtpferd aus Aluminium
fällt plötzlich in einer Kurve um.

8 Vielleicht braucht mein Stahlross jetzt eine Pause,
oder es will allmählich nach Hause.

1 **Was unternimmt der Erzähler? Kreuze an.**

- ☐ einen Ausritt
- ☐ einen Radausflug
- ☐ eine Schifffahrt
- ☐ eine Zugfahrt

2 **Was wird beschrieben?**

- Strophe 3
- Strophe 4
- Strophe 5
- Strophe 6

- Vogelzwitschern
- Bach
- See
- Fahrrad
- Autolärm
- Blütenduft
- Ast

3 **Von welcher Jahreszeit erzählt das Gedicht?** ____________________

4 **Wie viele Namen erhält das Fahrrad in diesem Gedicht?** ____________
Schreibe die Namen auf.

____

____

5 **Unterstreiche alle Wörter, die im Gedicht genau so vorkommen.**

Schlange, Vogel, Pause, dann, wann, Pferd, Drahtesel, Mustang, süßlich, glänzend, kratzen, Knospen, singen, Baum, jage, Parfüm, Duft, Luft

6 **Suche den ähnlichen Begriff im Gedicht.**

Musikdarbietung: ____________________ Erde: ____________________

Biegung: ____________________ furchtbar: ____________________

Was wollen diese Leute?

Bei manchen Wörtern musst du genau überlegen, welche Bedeutungen sie haben könnten.

An ihrem Schaufenster steht: NEUERÖFFNUNG. Sind Sie Herr Neuer? Wo befindet sich besagte Öffnung? Ist es eine Öffnung in einem Felsen, also eine Art Höhle? Verlangen Sie für die Höhlenbesichtigung Eintritt, Herr Neuer?

Auf dem Angebotsschild an Ihrer Türe steht: GÜNSTIGE BLUMENTOPFERDE. Wo sind denn die Pferde? Kann man sie reiten? Wie groß sind die Vierbeiner? Was kosten sie?

Sie haben einen SCHIMMEL zu verkaufen? Und dafür wollen Sie 2 500 Euro? Finden Sie das nicht ein bisschen teuer? Schimmel kann ich mir schließlich selbst auch züchten: Ich brauche nur eine Banane in eine Plastikdose legen und sie ein paar Tage stehen lassen. Dann bekomme ich richtig schönen Schimmel!

Ich möchte gerne Ihr besonderes Ei kaufen. Gibt es dieses Ei auch einzeln, oder ist das KONDITOREI so klein, dass man besser mehrere davon nehmen sollte? Verwenden Sie das KONDITOREI auch für Ihre Torten hier?

1 **Welche Antwort erhalten die Leute? Verbinde Antwort und Person.**

Ihrer kann aber nicht galoppieren.

Auf das, was ich verkaufe, können Pferde höchstens treten.

Unser Geschäft hat es vorher nicht gegeben. Deshalb steht die Aufschrift draußen.

Hier gibt es nur Waren, in denen normale Eier enthalten sind.

2 **Warum kam es zu den Missverständnissen? Schreibe die missverstandenen Wörter zu den passenden Erklärungen.**

Diese Wörter wurden falsch betont: ____________________,

____________________, ____________________

Dieses Wort hat eine doppelte Bedeutung: ____________________

3 **Diese Wörter haben auch eine doppelte Bedeutung. Male das Wort und die beiden Bedeutungen in der gleichen Farbe an.**

Ball	Strauß	Birne	Blatt

zusammengebundene Blumen

Vogelart

Spielzeug

Baumbestandteil

Tanzveranstaltung

Obst

elektrisches Leuchtmittel

Schreibmaterial

Gespenster-Fenster

Gleich den ersten Tag der Ferien durfte Lukas bei Oma und Opa verbringen. Heute Nachmittag hatten sie einen Ausflug ins Dinosauriermuseum unternommen und anschließend waren sie noch beim Italiener Pizza essen.
Später, als Lukas sich wohlig in sein Bett kuschelte, las Opa ihm noch seine Lieblings-Gruselgeschichte vor. Lukas lauschte aufmerksam, doch der Tag war lang und die Lider wurden ihm schwer …

Plötzlich fegte ein Windstoß durch sein Zimmer. Die Vorhänge stoben auseinander und beide Fensterflügel wurden krachend aufgerissen. Mit großen Augen starrte Lukas durch das offene Fenster.

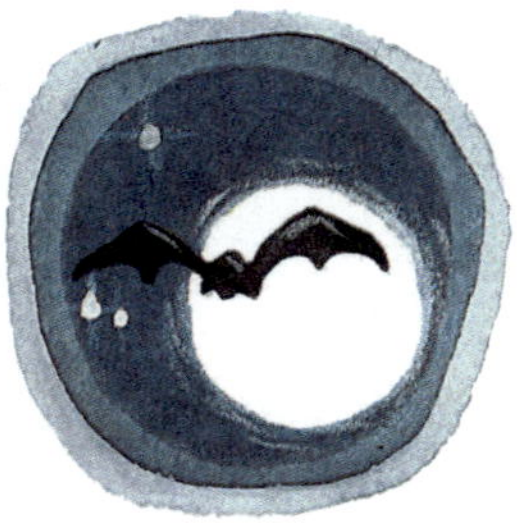

Zwischen zwei dunklen Wolken stand der Vollmond hoch oben, mitten am Himmel. Ganz links im Fenster zeichneten sich die Umrisse einer alten Schlossruine ab. Zwei dicke Türme ragten in den Nachthimmel. Über den unteren Fensterrand reckte sich dichtes Gebüsch. Drei fette Raben machten sich darauf breit und blickten böse ins Zimmer.

Ein unheimliches Dröhnen und Donnern erfüllte mit einem Mal die Nacht. Von rechts raste ein schwarzes Pferd in gestrecktem Galopp heran. Lukas schauderte. Im Sattel saß ein weißes Gespenst mit einem rot glühenden Schwert in der linken Hand. Grüne Blitze zuckten um die unheimliche Gestalt.
Da hörte Lukas aus der Luft ein schrilles Pfeifen. Vor Angst wie gelähmt sah er, wie ein anderes Gespenst mit einer rasselnden Kette um den Hals über dem Reiter flog. Lukas stieß einen gellenden Schrei aus und schlug um sich. Er zitterte am ganzen Körper.

Da ging ein helles Licht an. Vorsichtig öffnete Lukas die Augen und setzte sich im Bett auf. „Du hast nur geträumt, mein Junge“, sagte eine vertraute Stimme. „Ich schließe schnell das Fenster. Ein Gewitter steht über dem Haus.“

Was sieht Lukas in seinem Traum? Male.

Fußball-Fremdwörter

Stefans liebstes Hobby ist Fußball.
Er ist ein richtiger Experte auf diesem Gebiet.
Mit seinem Team hat er schon einige Turniere gewonnen.
Sie sind allerdings nur Amateure.
Stefans größter Wunsch ist es, einmal Profi zu werden.
Sein Coach unterstützt ihn dabei.
Seine Prognose lautet: „Du wirst mit viel Fleiß vielleicht richtig prominent!"
Stefans Sympathie gilt Bayern München, David Alabas Verein.
Er ist ein echter Fan des Vereins.
Ein Job dort wäre sein größtes Glück.

So spricht man diese Wörter aus.

Wort	Aussprache
Coach	Koutsch
Fan	Fän
Job	Dschob
Amateur	Amatör
Team	Tiem

Verbinde das jeweilige Fremdwort mit seiner deutschen Bedeutung.

Fußball-Profi	Mannschaft
Team	Fachmann
Fan	Berufsfußballer
Experte	Anhänger
Hobby	Betreuer/Trainer
Coach	Freizeitbeschäftigung
Fußball-Amateur	berühmt/bekannt
prominent	Zuneigung
Sympathie	Freizeitfußballer
Job	Voraussage
Prognose	Beruf/Anstellung

In den vierten Klassen der Aubachschule wurde folgende Befragung durchgeführt: „Welche Märchen gefallen dir besonders gut?“
Zehn Buben und zwölf Mädchen wurden befragt. Die in der Tabelle angegebenen Märchen waren bei den teilnehmenden Kindern bekannt.

A	Hänsel und Gretel
B	Die Prinzessin auf der Erbse
C	Frau Holle
D	Hans im Glück
E	Das Märchen vom Schlaraffenland
F	Die goldene Gans

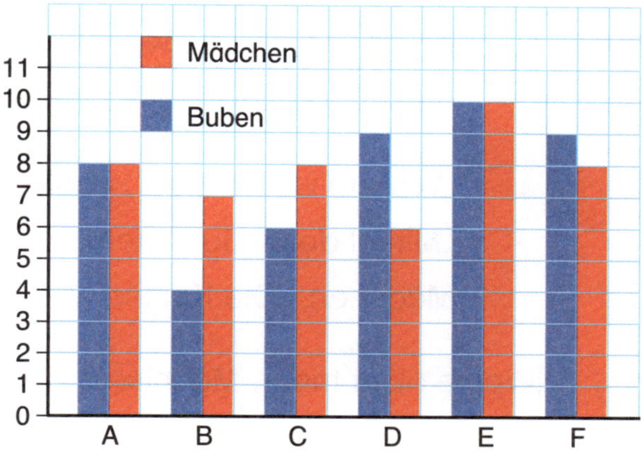

1 **Welches Märchen ist bei Buben und Mädchen am beliebtesten?**

____

2 **Welche beiden Märchen werden von Buben und Mädchen gleich gerne gelesen?**

____

____

3 **Welche drei Märchen gefallen den Mädchen gleich gut?**

____

____

____

4 **Welches Märchen haben nur vier Buben als Lieblingsmärchen angegeben?**

____

5 **Wie viele Kinder nahmen an der Befragung teil?** ______________

Der Zauberkrug

1 Es war einmal ein Mädchen, das musste der Köchin in der Küche helfen und Holz holen und Wasser schleppen.

2 Einmal ging es zum Brunnen, um Wasser zu holen, und da fiel ihm der Krug in den Brunnen und zerbrach. Das Mädchen setzte sich an den Brunnenrand und weinte. Mit einem Mal hörte es leise Tritte, und als es aufsah, erblickte es eine Fee am Brunnenrand.

3 „Warum weinst du?“, fragte die Fee das Mädchen.
„Mir ist der Krug in den Brunnen gefallen und zerbrochen“, sagte das Mädchen. „Die Köchin wird mich gewiss schlagen!“

4 „Weine nicht mehr, Mädchen“, sagte die Fee am Brunnenrand. Sie bückte sich und hob den Krug aus dem Brunnen, und da war er wieder ganz. Und wie das Mädchen den Krug glücklich ansah, merkte es, dass der Krug auf einmal Arme und Beine hatte.

5 „Der Krug wird jetzt immer dein Freund sein“, sagte die Fee. Dann tauchte sie wie ein lichter Nebel in den Brunnen hinunter und verschwand.

6 Das Mädchen nahm den Krug an der Hand, und so gingen sie mitsammen nach Hause. Als sie daheim angekommen waren, verschwanden die Ärmchen und Beinchen, und der Krug sah aus wie ein gewöhnlicher Krug.

7 Am nächsten Morgen ging das Mädchen in aller Frühe in die Küche. Da sah es den Krug geschäftig hin- und herlaufen, die Asche aus dem Herd fegen, Holz tragen und Feuer machen und den Kessel aufsetzen.

8 Und von nun an war es immer so. Der Krug blieb dem Mädchen ein treuer Freund und half ihm und regte die Ärmchen und Beinchen. Wenn aber jemand anderer in die Küche kam, sah der Krug aus wie ein gewöhnlicher Krug.

(neu erzählt nach Käthe Recheis und Friedl Hofbauer)

1 **Nummeriere die Überschriften zu den einzelnen Abschnitten.**

___ Der zerbrochenen Krug
___ Auf dem Heimweg
___ Ein treuer Freund
___ Zauberei?
___ Der fleißige Krug
___ Arbeiten für die Köchin
___ Im Brunnen verschwunden
___ Angst vor der Köchin

2 **Welche Kinder haben sich mit diesem Märchen beschäftigt? Male die passenden Sprechblasen gelb an und ergänze, wenn möglich, die entsprechende Abschnittsnummer.**

Das Mädchen musste dem Koch in der Küche helfen. ___

Der Krug sah aus wie ein ganz gewöhnlicher Krug. ___ ___

Weinend saß das Mädchen am Brunnenrand. ___

Die Fee verschwand im lichten Wald. ___

Der Krug hatte auf einmal Arme und Beine. ___

Die Köchin schimpfte das Kind aus. ___

3 **Im folgenden Text wurden Wörter ausgetauscht. Unterstreiche sie. Hinweis: Lies den vorletzten Abschnitt des Märchens und vergleiche.**

Am folgenden Morgen lief das Mädchen in aller Frühe in die Küche. Da sah es den Krug geschäftig hin- und herlaufen, die Asche aus dem Ofen kehren, Holz holen und Feuer machen und den Kessel aufstellen.

Die Geschichte des Fahrrads

Am 29. April 1785 wurde in der deutschen Stadt Karlsruhe Karl von Drais geboren. Er erlernte den Beruf eines Försters und musste täglich weite Strecken zu Fuß zurücklegen. Da er ein Tüftler und Erfinder war, hatte er eines Tages eine geniale Idee:

Er erfand im Jahre 1817 eine „Schnelllaufmaschine“. Diese war ein Laufrad, fast ganz aus Holz, mit lenkbarem Vorderrad. Er fuhr damit, indem er sich mit den Füßen vom Boden abstieß. Bergab rollte er frei dahin. Der Geschwindigkeitsrekord lag bei ungefähr 15 km in der Stunde. Das nach seinem Erfinder benannte Fahrzeug **Draisine** kann man noch heute im Museum seiner Heimatstadt bewundern.

Etwa 44 Jahre später baute man in Frankreich ein Tretkurbelrad, das sogenannte **Veloziped**.
Dieser „Knochenschüttler“ war ein Fahrrad mit zwei eisenbereiften Holzrädern, das dazu beitrug, dass der Fahrer eines solchen Gefährtes ordentlich durchgeschüttelt wurde. So ein Rad war fortschrittlich mit einem Metallrahmen und Bremsen ausgestattet. Am Vorderrad befand sich ein Pedalantrieb.

In England wurde im Jahre 1870 eine ganz neuartige Fortbewegungsmaschine gebaut: das **Hochrad**.
Hier war das Hinterrad winzig klein. Das Vorderrad aber, mit dem Sattel hoch oben und den Pedalen ganz unten, hatte einen Durchmesser von bis zu 150 Zentimetern!
Wegen dieser wackeligen Konstruktion fielen ungeschickte Fahrer bei ihren Ausfahrten oft kopfüber auf die Nase!

Im Jahre 1887 kamen in England die ersten sogenannten **Sicherheitsfahrräder** auf den Markt.
Diese hatten gleich große Reifen und einen Kettenantrieb zum Hinterrad.
Seither hat sich die Grundform kaum verändert, nur die Ausstattung wurde immer besser: z. B. luftgefüllte Gummireifen, Federung, Bremsen, Gangschaltung.

1 **Wie trieb Karl von Drais sein Laufrad an?
Suche die Textstelle und unterstreiche den Satz rot.**

2 **Fülle die Tabelle aus.**

Name			
Land			
Erfindungsjahr			

3 **Erkläre die folgenden Wörter, indem du die richtigen Lösungen ankreuzt.
(Es können auch mehrere Möglichkeiten zutreffen.)**

Hochrad
- ☐ Fahrrad mit großem Hinterrad
- ☐ Fahrrad mit Sattel über dem Vorderrad
- ☐ Fahrrad ohne Pedale

Draisine
- ☐ Fahrrad fast ganz aus Eisen
- ☐ Fahrrad mit Tretkurbel am Hinterrad
- ☐ Fahrrad mit lenkbarem Vorderrad

Veloziped
- ☐ Fahrrad mit Bremsen
- ☐ Fahrrad mit luftbereiften Holzrädern
- ☐ Fahrrad mit Pedalantrieb am Vorderrad

4 **Wie heißen die vier Neuerungen, durch die sich das Tretkurbelrad von der Draisine unterscheidet?**

a) ______________________________

b) ______________________________

c) ______________________________

d) ______________________________

Lustige Fragen

Ordne den Fragen die passende Scherzantwort zu.
Die Buchstaben verraten dir das Lösungswort.

1. Ein Blinder sieht einen Baum, ein Tauber hört Musik. Was ist das?
2. Welche Frage kann man nicht wahrheitsgemäß mit „ja" beantworten?
3. Was ist ein Boch?
4. Welcher Pass gilt überall auf der Welt?
5. Wer spricht alle Sprachen der Erde?
6. Es ist das Kind von Vater und Mutter und doch kein Sohn.
7. Es ist der Sohn meiner Eltern, aber nicht mein Bruder.
8. Was steht zwischen Haus und Straße?
9. Sie hat ein Loch und macht ein Loch und schlüpft auch selbst durch dieses Loch.
10. Womit hört die Nacht auf und der Tag fängt damit an?
11. Welches Tier hat einen Motor und vier Reifen?
12. Welcher Mann stirbt, wenn die Sonne scheint?
13. Welchen Bogen tragen wir immer mit uns herum?

- ein Buch mit einem Schreibfehler **S**
- das Echo **S**
- eine Lüge **D**
- die Tochter **T**
- ich **R**
- „Schläfst du?" **A**
- die Nadel **C**
- der Kompass **I**
- den Ellbogen **G**
- und **I**
- der Schneemann **I**
- mit einem T/t **H**
- der Jaguar **T**

__ __ __ __ __ __ __ __ __ __ __ __ __ !

1 2 3 4 5 6 7 8 9 10 11 12 13

1. Diese Inseln liegen im Pazifischen Ozean, …
2. Sie gehören zum Land Ecuador und bestehen aus 13 großen, …
3. Es leben viele „endemische“ Tierarten dort, …
4. Das bekannteste Tier der Inseln ist die Riesenschildkröte, …
5. Auch Fregattvögel mit über 1 m Größe gibt es hier, …
6. Die Seelöwen hier sind dem warmen Klima angepasst, …
7. Typisch für die Inseln sind auch die urtümlichen Meerechsen, …
8. Es gibt hier auch besondere Pinguine, die, weil es recht warm ist, …
9. Durch die Einführung fremder Tierarten und durch die Jagd in früheren Zeiten …

- … das heißt, es gibt diese Tiere nur an diesem Ort auf der Welt. **L**
- … etwa 1000 km vor der Küste Südamerikas. **G**
- … 8 kleinen und etwa 40 winzigen Inselchen. **A**
- … die über 1 m lang und über 200 kg schwer werden kann. **A**
- … dünnere und kürzere Federn als ihre Artgenossen haben. **O**
- … für die der knallrote Kehlsack unter dem Schnabel zum Anlocken der Weibchen typisch ist. **P**
- … da sie nur eine dünne Speckschicht und ein Fell mit wenig Unterwolle haben. **A**
- … sind viele der außergewöhnlichen Tierarten hier vom Aussterben bedroht. **S**
- … die in ihrem Aussehen an das Saurier-Zeitalter erinnern. **G**

Notiere zu jedem Satzanfang den Buchstaben des Satzendes. So erfährst du den Namen dieser tollen Inseln.

__ __ __ __ __ __ __ __ __ -Inseln

1 2 3 4 5 6 7 8 9

Sofort-Zeitung *Inverness, 23. April 2014*

Schlägt Nessie wieder zu?

Nessie, das Ungeheuer von Loch Ness (einem See in Schottland), hat sich wieder gezeigt. Mit einer Länge von beinahe 20 Metern ließ die berühmte Seeschlange dem Ehepaar Brown das Blut in den Adern gefrieren.

Das in Inverness lebende Paar machte gerade einen Spaziergang am See, als plötzlich eine gewaltige Fontäne, nur wenige Meter vom Ufer entfernt, in die Höhe spritzte. Da sahen sie sich einem Monster mit einem riesigen Kopf und einem langen Hals gegenüber. Mr. und Mrs. Brown haben sich von dem Schock noch immer nicht ganz erholt. „Gott sei Dank hat es uns nicht angegriffen, sondern ist gleich wieder abgetaucht!“, berichtete die Ehefrau schaudernd unserer Zeitung.

Loch Ness ist ein sehr unheimlicher See. Er ist ungefähr 37 km lang, 1,5 km breit und ungewöhnlich tief. Das Wasser ist so trüb, dass Taucher kaum etwas sehen können. Eine dicke Schlickschicht bedeckt den Boden des Sees. Versteckt sich hier das Monster? Seltsam ist auch, dass die Wassertemperatur auch in den heißesten Monaten nie über kühle 7 Grad Celsius steigt. Dagegen friert der See im Winter niemals zu.

Laut Aufzeichnungen wurde das Seeungeheuer zum ersten Mal im Jahre 565 gesichtet, als es einige Fischer angriff. Der heilige Columbian, ein irischer Mönch, konnte damals ein größeres Unglück verhindern. Er vertrieb Nessie, indem er mit der Hand ein Kreuz in die Luft zeichnete.

Angeblich soll das Ungeheuer seither schon über 4000 Mal gesichtet worden sein. Nun ist erneut das Interesse der Öffentlichkeit geweckt worden. Wird es wieder zuschlagen? Bisher ist es Experten nicht gelungen, das Geheimnis um das Monster zufriedenstellend zu lüften.

Vervollständige die Sätze mithilfe des Textes.

- Loch Ness ist ein ______________________________.
- Nessies Körperlänge wird auf ______________ geschätzt.
- Das in ______________ lebende Ehepaar Brown machte einen ______________ am See.
- Mr. und Mrs. Brown berichteten der ______________ von ihrem schrecklichen Erlebnis.
- Sie beschrieben das Monster mit einem ______________ Kopf und einem langen ______________.
- Der sehr unheimliche See hat eine Länge von etwa ______________, ist 1,5 km ______________ und ______________.
- Das Ungeheuer könnte sich in der ______________ verstecken.
- Dass die Wassertemperatur nie über 7 Grad ansteigt, ist ______________.

- Im Winter ______________ niemals zu.
- ______________ belegen, dass das Ungeheuer erstmals im Jahre ______________ gesichtet wurde.
- Der heilige Columbian war ein ______________.
- Er zeichnete ein ______________ in ______________.
- Seither soll Nessie sich ______________ schon über 4000 Mal gezeigt haben.
- ______________ gelang es bisher nicht, das ______________ um das Monster zu lüften.

Die verflixte Fernglassuche

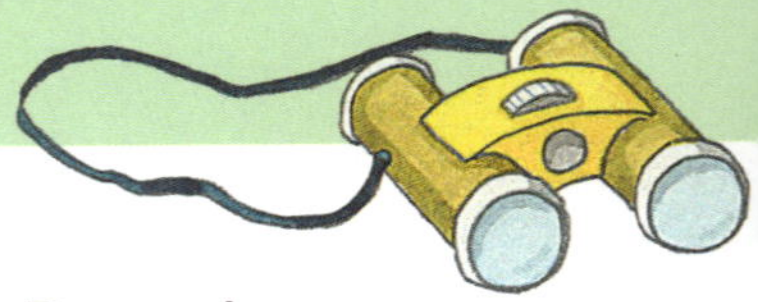

Es war ein ruhiger Sonntagmorgen. Da klingelte das Telefon. Papa ging dran. Nach ein paar Minuten legte er auf und sagte: „Opa hätte gerne das Fernglas zurück, das er uns vor einiger Zeit geliehen hat. Weiß jemand, wo es ist?“ Keiner aus der Familie konnte ihm Auskunft geben. Und so begann Papa zu suchen. Er kramte im Keller bei den Campingsachen, in der Werkzeugkammer und im Schrank bei den Wintersachen. Dort fand er die rote Mütze, die Mama seit einiger Zeit vermisste. Mama war so froh die Mütze wieder zu haben, dass sie an Papas Stelle weiter nach dem Fernglas suchte.

Ihr Weg führte sie in die Garage. Sie wühlte sich durch die Angelausrüstung, Strandspiele, alte Fahrradreifen und anderen Krimskrams, bis sie auf die Street-Hockey-Schläger traf, die Luisa schon seit Tagen suchte.
Als meine Schwester den Fund mitbekam, war sie so erfreut, dass sie statt Mama weiter nach Opas Fernglas suchte.
Sie sah im Flur nach, im Telefonschränkchen, an der Garderobe, im Schirmständer und fand – welch Wunder – in einem zusammengeklappten Schirm Tobis Fahrradschloss. Mein Bruder war völlig begeistert, denn das Schloss war ihm vor einigen Wochen abhanden gekommen. An Luisas Stelle suchte er nun weiter nach dem Feldstecher.
Mein Bruder ging in den ersten Stock und stöberte im Badezimmer, im Schmutzwäscheständer, im Wäscheschrank, im Elternschlafzimmer, in der Putzkammer und fand dort die Fernbedienung für Leos ferngesteuertes Geländefahrzeug. Mein kleiner Bruder war so glücklich, dass er statt Tobi nach dem Fernglas weitersuchte.
Er sah in allen Kinderzimmern nach und stapfte schließlich auch noch auf den Dachboden. Dort durchwühlte er alle Schränke und Truhen. Dabei stieß er auf mein Freischwimmerabzeichen. „Laura!“, schrie er, „Du glaubst nicht, was ich gerade gefunden habe!“ „Was?“, rief ich genervt, denn ich war gerade in ein spannendes Buch vertieft. „Dein Freischwimmerabzeichen, das du seit dem Sommer vermisst!“, brüllte er vom Dachboden herunter. „Dann muss ich wohl für Opa das Fernglas weitersuchen!“, ächzte ich beim Aufstehen. In diesem Moment klingelte das Telefon. Es war Opa. Er hatte das Fernglas soeben in seiner Nachttischschublade gefunden!

1 Wie viele Kinder hat die Familie? ______________________

2 Wie heißt das Kind, das als Ich-Erzähler auftritt? ______________

3 Welche vermissten Dinge werden von den einzelnen Familienmitgliedern gefunden? Zähle auf.

______________________ ______________________

______________________ ______________________

____

4 Welches andere Wort für „Fernglas" wird in der Geschichte verwendet?

____

5 Unterstreiche im Text alle 13 Wörter aus dem Wortfeld „suchen". (Wörter, die eine gleiche oder ähnliche Bedeutung haben.)

6 Wer sucht wo? Markiere in der gleichen Farbe. Achtung! Es haben sich auch falsche Personen und Räume versteckt!

Wäschekrank

Wäscheschrank | Leo | Werkzeugkammer | Truhe | Luis | Opa | Papa | Garderobe | Mama | Dachboden | Gästezimmer | Heizkeller | Nachttischschublade | Luisa | Küche | Tobi | Garage

Die Prinzessin auf der Erbse

Es war einmal ein Prinz, der wollte heiraten. Aber er wollte ganz sicher sein, dass es eine wirkliche Prinzessin ist. Darum reiste er weit herum. Jedoch wohin er auch kam, überall fehlte etwas. Nie war er sich sicher, ob es sich tatsächlich um eine Königstochter handelte. Immer stimmte etwas nicht. Irgendwann hatte er die Suche satt und brach die Reise ab. Enttäuscht kehrte er in das Schloss seiner Eltern zurück. Aber er wollte doch noch immer so gerne eine wirkliche Prinzessin zur Frau.

Eines Abends zog ein furchtbares Unwetter auf. Es blitzte und donnerte, der Regen prasselte nur so herab, es war fürchterlich! Doch plötzlich klopfte es an das Schlosstor. Der alte König stapfte verwundert zum Tor, um aufzumachen. Draußen stand eine Prinzessin. Aber wie sah sie aus! Vom Regen und dem stürmischen Wetter lief ihr das Wasser von den Haaren und auch von den Kleidern herab. Das Mädchen sagte: „Lasst mich ein, ich bin eine Prinzessin und brauche Unterschlupf!“ Und so ließ sie der König ein und brachte sie zu seiner Frau.

„Ob sie wirklich eine echte Prinzessin ist? Das werden wir in Erfahrung bringen!“, dachte die alte Königin. Aber sie sagte zu dem Mädchen nichts und war freundlich und hilfsbereit. Die Frau ging in die Gästeschlafkammer, nahm alles Bettzeug ab und legte eine kleine, getrocknete Erbse auf den Boden der Bettstelle. Dann nahm sie unzählige Matratzen und legte sie auf die Erbse. Schließlich gab sie noch etliche Daunendecken oben auf die Matratzen. In diesem Bett sollte nun die Prinzessin die Nacht über schlafen.

Am Morgen fragte sie der Prinz: „Wie hast du geschlafen?“ „Oh, fürchterlich schlecht!“, seufzte die Prinzessin. „Ich habe fast die ganze Nacht kein Auge zugetan! Ich weiß nicht, was in meinem Bett war. Ich habe auf etwas Hartem gelegen. An meinem ganzen Körper habe ich davon braune und blaue Flecken. Es ist ganz schrecklich!“

An den blauen Flecken konnte man erkennen, dass sie eine wirkliche, feinfühlige Prinzessin war. Durch die vielen Matratzen und Daunendecken hindurch hatte sie die winzige Erbse gespürt. So empfindlich konnte niemand sein außer einer echten Prinzessin.

Da nahm sie der Prinz zur Frau. Durch den Test wusste er, dass er eine wahrhaftige Prinzessin gefunden hatte. Und die Erbse kam in die Schatzkammer, wo sie noch heute zu sehen ist, wenn sie niemand gestohlen hat.

(nach den Brüdern Grimm)

Markiere in diesem Märchen die 30 Veränderungen.

Es war einmal ein Prinz, der sollte heiraten. Aber er wollte ganz sicher sein, dass es eine echte Prinzessin ist. Darum reiste er weit umher. Jedoch egal wohin er auch kam, überall fehlte etwas. Nie war er sich wirklich sicher, ob es sich tatsächlich um eine Königstochter handelte. Immer stimmte irgendetwas nicht. Irgendwann hatte er die Suche satt und brach die Reise ab. Traurig kehrte er in das Schloss seiner Eltern zurück. Aber er wollte doch noch immer so gerne eine wahrhaftige Prinzessin zur Frau.
Eines Tages zog ein furchtbares Gewitter auf. Es blitzte und donnerte, der Regen prasselte nur so herab, es war fürchterlich! Doch plötzlich pochte es an das Schlosstor. Der alte König lief verwundert zum Tor, um aufzumachen. Draußen stand eine Prinzessin. Aber wie sah sie aus! Vom Regen und dem stürmischen Wetter tropfte ihr das Wasser von den Haaren und auch von den Kleidern herab. Das Mädchen flehte: „Lasst mich hinein, ich bin eine Prinzessin und brauche Unterschlupf!“ Und so ließ sie der König ein und brachte sie zu seiner Frau.
„Ob sie wirklich eine echte Prinzessin ist? Das werden wir gleich in Erfahrung bringen!“, dachte die alte Königin. Aber sie sagte zu dem Mädchen nichts und war freundlich und höflich. Die Frau ging in die Schlafkammer, nahm alles Bettzeug ab und legte eine kleine, trockene Erbse auf den Boden der Bettstelle. Dann nahm sie viele Matratzen und legte sie auf die Erbse. Schließlich gab sie noch etliche Federbettdecken oben auf die Matratzen. In diesem Bett sollte nun die Prinzessin eine Nacht über schlafen.
Am Morgen fragte sie der Prinz: „Wie hast du geschlafen?“ „Oh, fürchterlich schlecht!“, stöhnte die Prinzessin. „Ich habe fast die ganze Nacht kein Auge zugetan! Ich weiß nicht, was in meinem Bett war. Ich habe auf etwas Hartem gelegen. An meinem ganzen Körper habe ich davon grüne und blaue Flecken. Es ist ganz schrecklich!“
An den blauen Flecken konnte man erkennen, dass sie eine wirkliche, feinfühlige Prinzessin war. Durch die vielen Matten und Daunendecken hindurch hatte sie die kleine Erbse gespürt. So empfindlich konnte niemand sein außer einer echten Prinzessin.
Deshalb nahm sie der Prinz zur Frau. Durch diesen Test wusste er, dass er eine wahrhaftige Prinzessin gefunden hatte. Und die Erbse kam in die Schatzkammer, wo sie noch heute zu bestaunen ist, wenn sie niemand gestohlen hat.

(nach den Gebrüdern Grimm)

Rockiges

Die wohl teuerste E-Gitarre der Welt gehörte dem Sänger und Gitarristen Eric Clapton. Er kaufte 1970 für nur wenig Geld sechs E-Gitarren. Aus dreien von diesen bastelte er „Blackie". „Blackie" ist schwarz-weiß und wurde von Eric Clapton auf sehr vielen Konzerten benutzt.
Sie war seine wichtigste Gitarre. Genau aus diesem Grund war das Instrument dann auf einer Auktion 2004 auch so teuer! Sie wurde von Eric Clapton für 959 500 US-Dollar an das „American Guitar Center" verkauft.

Eine der ersten und berühmtesten Rockbands der Welt waren die „Beatles". John Lennon, Paul McCartney, George Harrison und Ringo Star gehörten dieser Band an.
Sie kamen aus Großbritannien.
Ihr Name hat mit der Musikrichtung zu tun, die sie spielen: dem Beat.
„To beat" heißt im Englischen „schlagen".
Den Namen Beat verwendet man seit etwa 1960 für Rockmusik. Im gleichen Jahr wurde die Rockband „The Beatles" auch gegründet.

Einen ungewöhnlichen Künstlernamen hat sich der Rockmusiker Jan Ulrich Max Vetter ausgesucht. Er ist Sänger und Gitarrist der deutschen Rockband „Die Ärzte". Diese Band wurde 22 Jahre nach den Beatles gegründet. Weil es sein liebstes Hobby ist, in den Urlaub zu fahren, hat Herr Vetter sich „Farin Urlaub" genannt.
„Farin" hört sich an, als wäre es ein türkischer Name. Dabei wurden nur zwei Wörter vereint.

In Anlehnung an Blues- oder Jazzbands, in deren Bandnamen die Wörter „red" (deutsch: rot), „hot" (deutsch: heiß) und „Chili" (ein scharfes Gewürz) vorkamen, nannte sich eine amerikanische Rockband „Red Hot Chili Peppers". Die Band wurde ein Jahr nach der deutschen Band „Die Ärzte" gegründet. Ihre Lieder sind bis heute äußerst beliebt.
Die heutigen Bandmitglieder trinken nach eigenen Aussagen keinen Alkohol, nehmen keine Drogen und rauchen nicht. Dies war jedoch nicht immer so. Nachdem einige ursprüngliche Mitglieder der Band sehr schlimme Erfahrungen damit gemacht hatten, änderten die späteren Mitglieder ihr Leben und erteilten Alkohol, Drogen und Zigaretten eine Absage.

1 **Welche Gitarre sieht aus wie Eric Claptons „Blackie“? Kreise ein.**

2 **Kreuze richtige Aussagen an.**

- ☐ Die Bandmitglieder der „Red Hot Chili Peppers“ haben aus früheren Fehlern gelernt und halten sich von Drogen, Alkohol und Zigaretten fern.
- ☐ Farin ist ein türkischer Name, den sich der Sänger und Gitarrist der Band „Die Ärzte“ gegeben hat.
- ☐ Der Band „The Beatles“ gehörten insgesamt vier Mitglieder an.
- ☐ Eric Clapton kaufte 1970 seine Gitarre „Blackie“.
- ☐ Jan Vetter fährt sehr gerne in den Urlaub.
- ☐ 959 500 Euro kostete die teuerste Gitarre der Welt.
- ☐ Die Bandmitglieder der Beatles stammten aus Großbritannien.
- ☐ Aus drei Gitarren baute Clapton seine wichtigste Gitarre zusammen.
- ☐ Der Name „Red Hot Chili Peppers“ setzt sich aus den Namen berühmter Pop- und Rockbands zusammen.
- ☐ Paul Lennon gehörte den Beatles als Mitglied an.

3 **Wann wurde welche Band gegründet?**

Red Hot Chili Peppers: ____________

Die Ärzte: ____________

The Beatles: ____________

Kennst du diese Redewendungen?

1. Das ist doch eh für die Katz!
2. Wie eine Katze um den heißen Brei herumschleichen.
3. Die Katze aus dem Sack lassen.
4. Ist die Katze aus dem Haus, tanzen die Mäuse auf dem Tisch.
5. Die Katze im Sack kaufen.
6. Die Katze lässt das Mausen nicht.

Welche Redewendung passt zu welcher Erklärung und zu welcher Beispiel-Geschichte? Ordne die Nummern richtig zu.

Erklärungen

◯ Um etwas herumreden, nicht zum Wesentlichen der Sache kommen.

◯ Etwas ist zwecklos, vergeblich.

◯ Wenn jemand eine schlechte Eigenart oder Angewohnheit auslebt und dieses Verhalten nicht unterdrücken kann.

◯ Endlich mit der Sprache herausrücken, etwas endlich erzählen.

◯ Etwas Verbotenes tun, wenn keine Person da ist, vor der man Respekt oder Angst hat.

◯ Etwas unbesehen und ohne genaue Kenntnisse erwerben oder annehmen.

LÖSUNGEN

4

VERITAS
Gemeinsam besser lernen

(Zum Heraustrennen dieses Lösungsheftes die mittlere Klammer lösen.)

Liebe Eltern,
Lesekompetenz steigern, Lesebegeisterung wecken und fördern – das gelingt mit den Leseübungen dieses Ferienheftes. Damit ist ihr Kind **bestens auf das neue Schuljahr vorbereitet** – ein klarer Vorteil für die weitere Schullaufbahn.
In 15 überschaubaren Tagesportionen werden verschiedene Themen und Texttypen behandelt (siehe auch Textarten-Überblick S. 44/45).

Und so funktioniert es:

- Ihr Kind kann die **15 Lesetage** über den Sommer verteilen oder die letzten **zwei bis drei Wochen vor Schulbeginn** nutzen.
- Als besonderen Anreiz darf sich Ihr Kind nach jedem Lesetag mit einem Puzzleteil **belohnen**. Diesen schneidet es von der letzten Seite des Buches aus und klebt ihn auf den hinteren Innenumschlag. Das ergibt schließlich ein schönes Gesamtbild.
- Übrigens: **Anerkennung** für geleistete Arbeit motiviert Ihr Kind. Bestätigen und ermutigen Sie es, auch wenn vielleicht nicht immer alles richtig ist.
- Mit diesem herausnehmbaren Lösungsheft ist eine **Selbstkontrolle** ganz einfach, denn jede Seite ist hier nochmals mit der Lösung abgebildet.

Achtung: Alle Lösungen sind in Rot eingetragen.

NEU: **Online Fitness-Check**:

- Ihr Kind möchte sich selbst testen?
  Über http://fitness-check.ferienheft.at gelangt es zum Fitness-Check. Ihr Kind kommt mit folgendem Code zum Check: de52ku8
- Einfach Code eingeben und loslegen – bestimmt ist Ihr Kind jetzt fit für das neue Schuljahr!

Viel Erfolg im neuen Schuljahr!

Unterwegs

1 Auf meinem Mustang jag ich geschwind
bergauf und bergab, schnell wie der Wind!

2 An mir vorbei rauscht die Welt wie im Flug,
ich seh, hör, riech, spüre wirklich genug!

3 Seh eine Schlange aus dem Wasser dort,
glitzernd und glänzend bewegt sie sich fort!

4 Hör ein Konzert, das so großartig klingt,
wer dort in den Bäumen wohl so schön singt?

5 Riech ein süßes Parfüm in der Luft,
was ist das für ein erfrischender Duft?

6 Spür einen Arm mit Knospen dann,
wie der mich schrecklich kratzen kann!

7 Mein Drahtpferd aus Aluminium
fällt plötzlich in einer Kurve um.

8 Vielleicht braucht mein Stahlross jetzt eine Pause,
oder es will allmählich nach Hause.

1 Was unternimmt der Erzähler? Kreuze an.

- ☐ einen Ausritt
- ☒ einen Radausflug
- ☐ eine Schifffahrt
- ☐ eine Zugfahrt

2 Was wird beschrieben?

Strophe 3 — Bach
Strophe 4 — Vogelzwitschern
Strophe 5 — Blütenduft
Strophe 6 — Ast

See, Fahrrad, Autolärm

3 Von welcher Jahreszeit erzählt das Gedicht? Frühling

4 Wie viele Namen erhält das Fahrrad in diesem Gedicht? 3
Schreibe die Namen auf.

Mustang, Drahtpferd, Stahlross

5 Unterstreiche alle Wörter, die im Gedicht genau so vorkommen.

Schlange, Vogel, Pause, dann, wann, Pferd, Drahtesel, Mustang, süßlich, glänzend, kratzen, Knospen, singen, Baum, jage, Parfüm, Duft, Luft

6 Suche den ähnlichen Begriff im Gedicht.

Musikdarbietung: Konzert
Erde: Welt
Biegung: Kurve
furchtbar: schrecklich

Was wollen diese Leute?

1 Welche Antwort erhalten die Leute? Verbinde Antwort und Person.

- Ihrer kann aber nicht galoppieren.
- Auf das, was ich verkaufe, können Pferde höchstens treten.
- Unser Geschäft hat es vorher nicht gegeben. Deshalb steht die Aufschrift draußen.
- Hier gibt es nur Waren, in denen normale Eier enthalten sind.

2 Warum kam es zu den Missverständnissen? Schreibe die missverstandenen Wörter zu den passenden Erklärungen.

Diese Wörter wurden falsch betont: Neueröffnung, Blumentopferde, Konditorei

Dieses Wort hat eine doppelte Bedeutung: Schimmel

3 Diese Wörter haben auch eine doppelte Bedeutung. Male das Wort und die beiden Bedeutungen in der gleichen Farbe an.

Ball | Strauß | Birne | Blatt

zusammengebundene Blumen, Vogelart, Spielzeug, Baumbestandteil, Tanzveranstaltung, Obst, elektrisches Leuchtmittel, Schreibmaterial

Gespenster-Fenster

Gleich den ersten Tag der Ferien durfte Lukas bei Oma und Opa verbringen. Heute Nachmittag hatten sie einen Ausflug ins Dinosauriermuseum unternommen und anschließend waren sie noch beim Italiener Pizza essen.
Später, als Lukas sich wohlig in sein Bett kuschelte, las Opa ihm noch seine Lieblings-Gruselgeschichte vor. Lukas lauschte aufmerksam, doch der Tag war lang und die Lider wurden ihm schwer …

Plötzlich fegte ein Windstoß durch sein Zimmer. Die Vorhänge stoben auseinander und beide Fensterflügel wurden krachend aufgerissen. Mit großen Augen starrte Lukas durch das offene Fenster.

Zwischen zwei dunklen Wolken stand der Vollmond hoch oben, mitten am Himmel. Ganz links im Fenster zeichneten sich die Umrisse einer alten Schlossruine ab. Zwei dicke Türme ragten in den Nachthimmel. Über den unteren Fensterrand reckte sich dichtes Gebüsch. Drei fette Raben machten sich darauf breit und blickten böse ins Zimmer.

Ein unheimliches Dröhnen und Donnern erfüllte mit einem Mal die Nacht. Von rechts raste ein schwarzes Pferd in gestrecktem Galopp heran. Lukas schauderte. Im Sattel saß ein weißes Gespenst mit einem rot glühenden Schwert in der linken Hand. Grüne Blitze zuckten um die unheimliche Gestalt.
Da hörte Lukas aus der Luft ein schrilles Pfeifen. Vor Angst wie gelähmt sah er, wie ein anderes Gespenst mit einer rasselnden Kette um den Hals über dem Reiter flog. Lukas stieß einen gellenden Schrei aus und schlug um sich. Er zitterte am ganzen Körper.

Da ging ein helles Licht an. Vorsichtig öffnete Lukas die Augen und setzte sich im Bett auf. „Du hast nur geträumt, mein Junge", sagte eine vertraute Stimme. „Ich schließe schnell das Fenster. Ein Gewitter steht über dem Haus."

Was sieht Lukas in seinem Traum? Male.

Fußball-Fremdwörter

Stefans liebstes Hobby ist Fußball.
Er ist ein richtiger Experte auf diesem Gebiet.
Mit seinem Team hat er schon einige Turniere gewonnen.
Sie sind allerdings nur Amateure.
Stefans größter Wunsch ist es, einmal Profi zu werden.
Sein Coach unterstützt ihn dabei.
Seine Prognose lautet: „Du wirst mit viel Fleiß vielleicht richtig prominent!"
Stefans Sympathie gilt Bayern München, David Alabas Verein.
Er ist ein echter Fan des Vereins.
Ein Job dort wäre sein größtes Glück.

Verbinde das jeweilige Fremdwort mit seiner deutschen Bedeutung.

Fußball-Profi	Mannschaft
Team	Fachmann
Fan	Berufsfußballer
Experte	Anhänger
Hobby	Betreuer/Trainer
Coach	Freizeitbeschäftigung
Fußball-Amateur	berühmt/bekannt
prominent	Zuneigung
Sympathie	Freizeitfußballer
Job	Voraussage
Prognose	Beruf/Anstellung

So spricht man diese Wörter aus.

Wort	Aussprache
Coach	Koutsch
Fan	Fän
Job	Dschob
Amateur	Amatör
Team	Tiem

Magst du Märchen?

In den vierten Klassen der Aubachschule wurde folgende Befragung durchgeführt: „Welche Märchen gefallen dir besonders gut?"
Zehn Buben und zwölf Mädchen wurden befragt. Die in der Tabelle angegebenen Märchen waren bei den teilnehmenden Kindern bekannt.

A	Hänsel und Gretel
B	Die Prinzessin auf der Erbse
C	Frau Holle
D	Hans im Glück
E	Das Märchen vom Schlaraffenland
F	Die goldene Gans

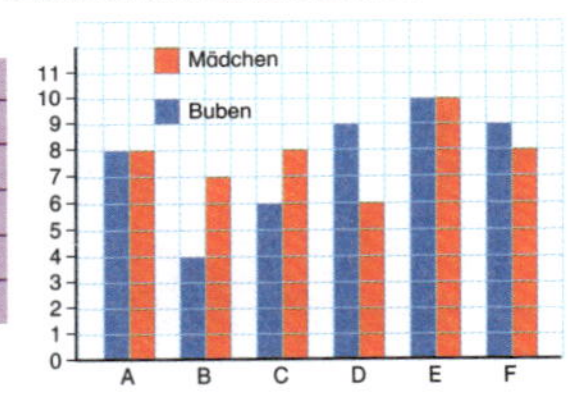

1 **Welches Märchen ist bei Buben und Mädchen am beliebtesten?**

Das Märchen vom Schlaraffenland

2 **Welche beiden Märchen werden von Buben und Mädchen gleich gerne gelesen?**

Hänsel und Gretel

Das Märchen vom Schlaraffenland

3 **Welche drei Märchen gefallen den Mädchen gleich gut?**

Hänsel und Gretel

Frau Holle

Die goldene Gans

4 **Welches Märchen haben nur vier Buben als Lieblingsmärchen angegeben?**

Die Prinzessin auf der Erbse

5 **Wie viele Kinder nahmen an der Befragung teil?** 22 Kinder

Der Zauberkrug

1 Es war einmal ein Mädchen, das musste der Köchin in der Küche helfen und Holz holen und Wasser schleppen.

2 Einmal ging es zum Brunnen, um Wasser zu holen, und da fiel ihm der Krug in den Brunnen und zerbrach. Das Mädchen setzte sich an den Brunnenrand und weinte. Mit einem Mal hörte es leise Tritte, und als es aufsah, erblickte es eine Fee am Brunnenrand.

3 „Warum weinst du?“, fragte die Fee das Mädchen. „Mir ist der Krug in den Brunnen gefallen und zerbrochen“, sagte das Mädchen. „Die Köchin wird mich gewiss schlagen!“

4 „Weine nicht mehr, Mädchen“, sagte die Fee am Brunnenrand. Sie bückte sich und hob den Krug aus dem Brunnen, und da war er wieder ganz. Und wie das Mädchen den Krug glücklich ansah, merkte es, dass der Krug auf einmal Arme und Beine hatte.

5 „Der Krug wird jetzt immer dein Freund sein“, sagte die Fee. Dann tauchte sie wie ein lichter Nebel in den Brunnen hinunter und verschwand.

6 Das Mädchen nahm den Krug an der Hand, und so gingen sie mitsammen nach Hause. Als sie daheim angekommen waren, verschwanden die Ärmchen und Beinchen, und der Krug sah aus wie ein gewöhnlicher Krug.

7 Am nächsten Morgen ging das Mädchen in aller Frühe in die Küche. Da sah es den Krug geschäftig hin- und herlaufen, die Asche aus dem Herd fegen, Holz tragen und Feuer machen und den Kessel aufsetzen.

8 Und von nun an war es immer so. Der Krug blieb dem Mädchen ein treuer Freund und half ihm und regte die Ärmchen und Beinchen. Wenn aber jemand anderer in die Küche kam, sah der Krug aus wie ein gewöhnlicher Krug.

(neu erzählt nach Käthe Recheis und Friedl Hofbauer)

Lies dir den Text abschnittsweise durch und vergleiche.

1 Nummeriere die Überschriften zu den einzelnen Abschnitten.

- 2 Der zerbrochene Krug
- 6 Auf dem Heimweg
- 8 Ein treuer Freund
- 4 Zauberei?
- 7 Der fleißige Krug
- 1 Arbeiten für die Köchin
- 5 Im Brunnen verschwunden
- 3 Angst vor der Köchin

2 Welche Kinder haben sich mit diesem Märchen beschäftigt? Male die passenden Sprechblasen gelb an und ergänze, wenn möglich, die entsprechende Abschnittsnummer.

3 Im folgenden Text wurden Wörter ausgetauscht. Unterstreiche sie. Hinweis: Lies den vorletzten Abschnitt des Märchens und vergleiche.

Am folgenden Morgen lief das Mädchen in aller Frühe in die Küche. Da sah es den Krug geschäftig hin- und herlaufen, die Asche aus dem Ofen kehren, Holz holen und Feuer machen und den Kessel aufstellen.

Die Geschichte des Fahrrads

Am 29. April 1785 wurde in der deutschen Stadt Karlsruhe Karl von Drais geboren. Er erlernte den Beruf eines Försters und musste täglich weite Strecken zu Fuß zurücklegen. Da er ein Tüftler und Erfinder war, hatte er eines Tages eine geniale Idee:

Er erfand im Jahre 1817 eine „Schnelllaufmaschine“. Diese war ein Laufrad, fast ganz aus Holz, mit lenkbarem Vorderrad. Er fuhr damit, indem er sich mit den Füßen vom Boden abstieß. Bergab rollte er frei dahin. Der Geschwindigkeitsrekord lag bei ungefähr 15 km in der Stunde. Das nach seinem Erfinder benannte Fahrzeug **Draisine** kann man noch heute im Museum seiner Heimatstadt bewundern.

Etwa 44 Jahre später baute man in Frankreich ein Tretkurbelrad, das sogenannte **Veloziped**. Dieser „Knochenschüttler“ war ein Fahrrad mit zwei eisenbereiften Holzrädern, das dazu beitrug, dass der Fahrer eines solchen Gefährtes ordentlich durchgeschüttelt wurde. So ein Rad war fortschrittlich mit einem Metallrahmen und Bremsen ausgestattet. Am Vorderrad befand sich ein Pedalantrieb.

In England wurde im Jahre 1870 eine ganz neuartige Fortbewegungsmaschine gebaut: das **Hochrad**. Hier war das Hinterrad winzig klein. Das Vorderrad aber, mit dem Sattel hoch oben und den Pedalen ganz unten, hatte einen Durchmesser von bis zu 150 Zentimetern! Wegen dieser wackeligen Konstruktion fielen ungeschickte Fahrer bei ihren Ausfahrten oft kopfüber auf die Nase!

Im Jahre 1887 kamen in England die ersten sogenannten **Sicherheitsfahrräder** auf den Markt. Diese hatten gleich große Reifen und einen Kettenantrieb zum Hinterrad. Seither hat sich die Grundform kaum verändert, nur die Ausstattung wurde immer besser: z. B. luftgefüllte Gummireifen, Federung, Bremsen, Gangschaltung.

1 Wie trieb Karl von Drais sein Laufrad an? Suche die Textstelle und unterstreiche den Satz rot.

2 Fülle die Tabelle aus.

Name	Veloziped	Draisine	Hochrad
Land	Frankreich	Deutschland	England
Erfindungsjahr	1861	1817	1870

3 Erkläre die folgenden Wörter, indem du die richtigen Lösungen ankreuzt. (Es können auch mehrere Möglichkeiten zutreffen.)

Hochrad
- ☐ Fahrrad mit großem Hinterrad
- ☒ Fahrrad mit Sattel über dem Vorderrad
- ☐ Fahrrad ohne Pedale

Draisine
- ☐ Fahrrad fast ganz aus Eisen
- ☐ Fahrrad mit Tretkurbel am Hinterrad
- ☒ Fahrrad mit lenkbarem Vorderrad

Veloziped
- ☒ Fahrrad mit Bremsen
- ☐ Fahrrad mit luftbereiften Holzrädern
- ☒ Fahrrad mit Pedalantrieb am Vorderrad

4 Wie heißen die vier Neuerungen, durch die sich das Tretkurbelrad von der Draisine unterscheidet?

a) eisenbereifte Holzräder

b) Metallrahmen

c) Bremsen

d) Pedalantrieb

Rätselspaß

Lustige Fragen

Ordne den Fragen die passende Scherzantwort zu. Die Buchstaben verraten dir das Lösungswort.

1 Ein Blinder sieht einen Baum, ein Tauber hört Musik. Was ist das?
2 Welche Frage kann man nicht wahrheitsgemäß mit „ja" beantworten?
3 Was ist ein Boch?
4 Welcher Pass gilt überall auf der Welt?
5 Wer spricht alle Sprachen der Erde?
6 Es ist das Kind von Vater und Mutter und doch kein Sohn.
7 Es ist der Sohn meiner Eltern, aber nicht mein Bruder.
8 Was steht zwischen Haus und Straße?
9 Sie hat ein Loch und macht ein Loch und schlüpft auch selbst durch dieses Loch.
10 Womit hört die Nacht auf und der Tag fängt damit an?
11 Welches Tier hat einen Motor und vier Reifen?
12 Welcher Mann stirbt, wenn die Sonne scheint?
13 Welchen Bogen tragen wir immer mit uns herum?

- ein Buch mit einem Schreibfehler **S**
- das Echo **S**
- eine Lüge **D**
- die Tochter **T**
- ich **R**
- „Schläfst du?" **A**
- die Nadel **C**
- der Kompass **I**
- den Ellbogen **G**
- und **I**
- der Schneemann **I**
- mit einem T/t **H**
- der Jaguar **T**

D A S I S T R I C H T I G !
1 2 3 4 5 6 7 8 9 10 11 12 13

Rätselspaß

Insel-Quiz

1 Diese Inseln liegen im Pazifischen Ozean, …
2 Sie gehören zum Land Ecuador und bestehen aus 13 großen, …
3 Es leben viele „endemische" Tierarten dort, …
4 Das bekannteste Tier der Inseln ist die Riesenschildkröte, …
5 Auch Fregattvögel mit über 1 m Größe gibt es hier, …
6 Die Seelöwen hier sind dem warmen Klima angepasst, …
7 Typisch für die Inseln sind auch die urtümlichen Meerechsen, …
8 Es gibt hier auch besondere Pinguine, die, weil es recht warm ist, …
9 Durch die Einführung fremder Tierarten und durch die Jagd in früheren Zeiten …

- … das heißt, es gibt diese Tiere nur an diesem Ort auf der Welt. **L**
- … etwa 1000 km vor der Küste Südamerikas. **G**
- … 8 kleinen und etwa 40 winzigen Inselchen. **A**
- … die über 1 m lang und über 200 kg schwer werden kann. **A**
- … dünnere und kürzere Federn als ihre Artgenossen haben. **O**
- … für die der knallrote Kehlsack unter dem Schnabel zum Anlocken der Weibchen typisch ist. **P**
- … da sie nur eine dünne Speckschicht und ein Fell mit wenig Unterwolle haben. **A**
- … sind viele der außergewöhnlichen Tierarten hier vom Aussterben bedroht. **S**
- … die in ihrem Aussehen an das Saurier-Zeitalter erinnern. **G**

Notiere zu jedem Satzanfang den Buchstaben des Satzendes. So erfährst du den Namen dieser tollen Inseln.

G A L A P A G O S -Inseln
1 2 3 4 5 6 7 8 9

Zeitungsartikel

Sofort-Zeitung *Inverness, 23. April 2014*

Schlägt Nessie wieder zu?

Nessie, das Ungeheuer von Loch Ness (einem See in Schottland), hat sich wieder gezeigt. Mit einer Länge von beinahe 20 Metern ließ die berühmte Seeschlange dem Ehepaar Brown das Blut in den Adern gefrieren.

Das in Inverness lebende Paar machte gerade einen Spaziergang am See, als plötzlich eine gewaltige Fontäne, nur wenige Meter vom Ufer entfernt, in die Höhe spritzte. Da sahen sie sich einem Monster mit einem riesigen Kopf und einem langen Hals gegenüber. Mr. und Mrs. Brown haben sich von dem Schock noch immer nicht ganz erholt. „Gott sei Dank hat es uns nicht angegriffen, sondern ist gleich wieder abgetaucht!", berichtete die Ehefrau schaudernd unserer Zeitung.

Loch Ness ist ein sehr unheimlicher See. Er ist ungefähr 37 km lang, 1,5 km breit und ungewöhnlich tief. Das Wasser ist so trüb, dass Taucher kaum etwas sehen können. Eine dicke Schlickschicht bedeckt den Boden des Sees. Versteckt sich hier das Monster? Seltsam ist auch, dass die Wassertemperatur auch in den heißesten Monaten nie über kühle 7 Grad Celsius steigt. Dagegen friert der See im Winter niemals zu.

Laut Aufzeichnungen wurde das Seeungeheuer zum ersten Mal im Jahre 565 gesichtet, als es einige Fischer angriff. Der heilige Columbian, ein irischer Mönch, konnte damals ein größeres Unglück verhindern. Er vertrieb Nessie, indem er mit der Hand ein Kreuz in die Luft zeichnete.

Angeblich soll das Ungeheuer seither schon über 4000 Mal gesichtet worden sein. Nun ist erneut das Interesse der Öffentlichkeit geweckt worden. Wird es wieder zuschlagen? Bisher ist es Experten nicht gelungen, das Geheimnis um das Monster zufriedenstellend zu lüften.

Vervollständige die Sätze mithilfe des Textes.

- Loch Ness ist ein See in Schottland.
- Nessies Körperlänge wird auf 20 Meter geschätzt.
- Das in Inverness lebende Ehepaar Brown machte einen Spaziergang am See.
- Mr. und Mrs. Brown berichteten der Sofort-Zeitung von ihrem schrecklichen Erlebnis.
- Sie beschrieben das Monster mit einem riesigen Kopf und einem langen Hals.
- Der sehr unheimliche See hat eine Länge von etwa 37 km, ist 1,5 km breit und ungewöhnlich tief.
- Das Ungeheuer könnte sich in der dicken Schlickschicht verstecken.
- Dass die Wassertemperatur nie über 7 Grad ansteigt, ist seltsam.
- Im Winter friert der See niemals zu.
- Aufzeichnungen belegen, dass das Ungeheuer erstmals im Jahre 565 gesichtet wurde.
- Der heilige Columbian war ein irischer Mönch.
- Er zeichnete ein Kreuz in die Luft.
- Seither soll Nessie sich angeblich schon über 4000 Mal gezeigt haben.
- Experten gelang es bisher nicht, das Geheimnis um das Monster zu lüften.

Tag 7

Die verflixte Fernglassuche

Es war ein ruhiger Sonntagmorgen. Da klingelte das Telefon. Papa ging dran. Nach ein paar Minuten legte er auf und sagte: „Opa hätte gerne das Fernglas zurück, das er uns vor einiger Zeit geliehen hat. Weiß jemand, wo es ist?" Keiner aus der Familie konnte ihm Auskunft geben. Und so begann Papa zu suchen. Er kramte im Keller bei den Campingsachen, in der Werkzeugkammer und im Schrank bei den Wintersachen. Dort fand er die rote Mütze, die Mama seit einiger Zeit vermisste. Mama war so froh die Mütze wieder zu haben, dass sie an Papas Stelle weiter nach dem Fernglas suchte.

Ihr Weg führte sie in die Garage. Sie wühlte sich durch die Angelausrüstung, Strandspiele, alte Fahrradreifen und anderen Krimskrams, bis sie auf die Street-Hockey-Schläger traf, die Luisa schon seit Tagen suchte.
Als meine Schwester den Fund mitbekam, war sie so erfreut, dass sie statt Mama weiter nach Opas Fernglas suchte.
Sie sah im Flur nach, im Telefonschränkchen, an der Garderobe, im Schirmständer und fand – welch Wunder – in einem zusammengeklappten Schirm Tobis Fahrradschloss. Mein Bruder war völlig begeistert, denn das Schloss war ihm vor einigen Wochen abhanden gekommen. An Luisas Stelle suchte er nun weiter nach dem Feldstecher.
Mein Bruder ging in den ersten Stock und stöberte im Badezimmer, im Schmutzwäscheständer, im Wäscheschrank, im Elternschlafzimmer, in der Putzkammer und fand dort die Fernbedienung für Leos ferngesteuertes Geländefahrzeug. Mein kleiner Bruder war so glücklich, dass er statt Tobi nach dem Fernglas weitersuchte.
Er sah in allen Kinderzimmern nach und stapfte schließlich auch noch auf den Dachboden. Dort durchwühlte er alle Schränke und Truhen. Dabei stieß er auf mein Freischwimmerabzeichen. „Laura!", schrie er, „Du glaubst nicht, was ich gerade gefunden habe!" „Was?", rief ich genervt, denn ich war gerade in ein spannendes Buch vertieft. „Dein Freischwimmerabzeichen, das du seit dem Sommer vermisst!", brüllte er vom Dachboden herunter. „Dann muss ich wohl für Opa das Fernglas weitersuchen!", ächzte ich beim Aufstehen. In diesem Moment klingelte das Telefon. Es war Opa. Er hatte das Fernglas soeben in seiner Nachttischschublade gefunden!

Tag 7

1 **Wie viele Kinder hat die Familie?** 4 Kinder

2 **Wie heißt das Kind, das als Ich-Erzähler auftritt?** Laura

3 **Welche vermissten Dinge werden von den einzelnen Familienmitgliedern gefunden? Zähle auf.**

Mütze — Street-Hockey-Schläger
Fahrradschloss — Fernbedienung
Freischwimmerabzeichen

4 **Welches andere Wort für „Fernglas" wird in der Geschichte verwendet?**

Feldstecher

5 **Unterstreiche im Text alle 13 Wörter aus dem Wortfeld „suchen". (Wörter, die eine gleiche oder ähnliche Bedeutung haben.)**

6 **Wer sucht wo? Markiere in der gleichen Farbe. Achtung! Es haben sich auch falsche Personen und Räume versteckt!**

Wäscheschrank — Leo — Werkzeugkammer — Truhe — Luis — Opa — Papa — Garderobe — Mama — Dachboden — Gästezimmer — Heizkeller — Nachttischschublade — Luisa — Küche — Tobi — Garage

Tag 8

Die Prinzessin auf der Erbse

Es war einmal ein Prinz, der wollte heiraten. Aber er wollte ganz sicher sein, dass es eine wirkliche Prinzessin ist. Darum reiste er weit herum. Jedoch wohin er auch kam, überall fehlte etwas. Nie war er sich sicher, ob es sich tatsächlich um eine Königstochter handelte. Immer stimmte etwas nicht. Irgendwann hatte er die Suche satt und brach die Reise ab. Enttäuscht kehrte er in das Schloss seiner Eltern zurück. Aber er wollte doch noch immer so gerne eine wirkliche Prinzessin zur Frau.
Eines Abends zog ein furchtbares Unwetter auf. Es blitzte und donnerte, der Regen prasselte nur so herab, es war fürchterlich! Doch plötzlich klopfte es an das Schlosstor. Der alte König stapfte verwundert zum Tor, um aufzumachen. Draußen stand eine Prinzessin. Aber wie sah sie aus! Vom Regen und dem stürmischen Wetter lief ihr das Wasser von den Haaren und auch von den Kleidern herab. Das Mädchen sagte: „Lasst mich ein, ich bin eine Prinzessin und brauche Unterschlupf!" Und so ließ sie der König ein und brachte sie zu seiner Frau.
„Ob sie wirklich eine echte Prinzessin ist? Das werden wir in Erfahrung bringen!", dachte die alte Königin. Aber sie sagte zu dem Mädchen nichts und war freundlich und hilfsbereit. Die Frau ging in die Gästeschlafkammer, nahm alles Bettzeug ab und legte eine kleine, getrocknete Erbse auf den Boden der Bettstelle. Dann nahm sie unzählige Matratzen und legte sie auf die Erbse. Schließlich gab sie noch etliche Daunendecken oben auf die Matratzen. In diesem Bett sollte nun die Prinzessin die Nacht über schlafen.
Am Morgen fragte sie der Prinz: „Wie hast du geschlafen?" „Oh, fürchterlich schlecht!", seufzte die Prinzessin. „Ich habe fast die ganze Nacht kein Auge zugetan! Ich weiß nicht, was in meinem Bett war. Ich habe auf etwas Hartem gelegen. An meinem ganzen Körper habe ich davon braune und blaue Flecken. Es ist ganz schrecklich!"
An den blauen Flecken konnte man erkennen, dass sie eine wirkliche, feinfühlige Prinzessin war. Durch die vielen Matratzen und Daunendecken hindurch hatte sie die winzige Erbse gespürt. So empfindlich konnte niemand sein außer einer echten Prinzessin.
Da nahm sie der Prinz zur Frau. Durch den Test wusste er, dass er eine wahrhaftige Prinzessin gefunden hatte. Und die Erbse kam in die Schatzkammer, wo sie noch heute zu sehen ist, wenn sie niemand gestohlen hat.

(nach den Brüdern Grimm)

Tag 8

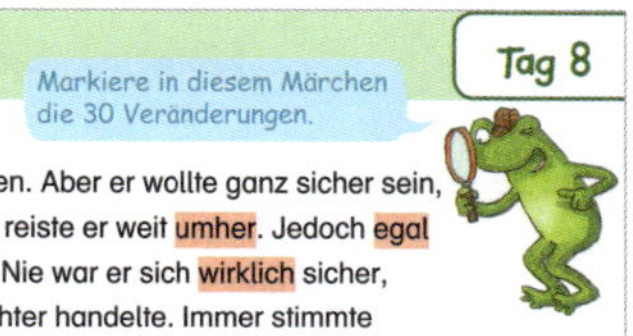

Es war einmal ein Prinz, der sollte heiraten. Aber er wollte ganz sicher sein, dass es eine echte Prinzessin ist. Darum reiste er weit umher. Jedoch egal wohin er auch kam, überall fehlte etwas. Nie war er sich wirklich sicher, ob es sich tatsächlich um eine Königstochter handelte. Immer stimmte irgendetwas nicht. Irgendwann hatte er die Suche satt und brach die Reise ab. Traurig kehrte er in das Schloss seiner Eltern zurück. Aber er wollte doch noch immer so gerne eine wahrhaftige Prinzessin zur Frau.
Eines Tages zog ein furchtbares Gewitter auf. Es blitzte und donnerte, der Regen prasselte nur so herab, es war fürchterlich! Doch plötzlich pochte es an das Schlosstor. Der alte König lief verwundert zum Tor, um aufzumachen. Draußen stand eine Prinzessin. Aber wie sah sie aus! Vom Regen und dem stürmischen Wetter tropfte ihr das Wasser von den Haaren und auch von den Kleidern herab. Das Mädchen flehte: „Lasst mich hinein, ich bin eine Prinzessin und brauche Unterschlupf!" Und so ließ sie der König ein und brachte sie zu seiner Frau.
„Ob sie wirklich eine echte Prinzessin ist? Das werden wir gleich in Erfahrung bringen!", dachte die alte Königin. Aber sie sagte zu dem Mädchen nichts und war freundlich und höflich. Die Frau ging in die Schlafkammer, nahm alles Bettzeug ab und legte eine kleine, trockene Erbse auf den Boden der Bettstelle. Dann nahm sie viele Matratzen und legte sie auf die Erbse. Schließlich gab sie noch etliche Federbettdecken oben auf die Matratzen. In diesem Bett sollte nun die Prinzessin eine Nacht über schlafen.
Am Morgen fragte sie der Prinz: „Wie hast du geschlafen?" „Oh, fürchterlich schlecht!", stöhnte die Prinzessin. „Ich habe fast die ganze Nacht kein Auge zugetan! Ich weiß nicht, was in meinem Bett war. Ich habe auf etwas Hartem gelegen. An meinem ganzen Körper habe ich davon grüne und blaue Flecken. Es ist ganz schrecklich!"
An den blauen Flecken konnte man erkennen, dass sie eine wirkliche, feinfühlige Prinzessin war. Durch die vielen Matten und Daunendecken hindurch hatte sie die kleine Erbse gespürt. So empfindlich konnte niemand sein außer einer echten Prinzessin.
Deshalb nahm sie der Prinz zur Frau. Durch diesen Test wusste er, dass er eine wahrhaftige Prinzessin gefunden hatte. Und die Erbse kam in die Schatzkammer, wo sie noch heute zu bestaunen ist, wenn sie niemand gestohlen hat.

(nach den Gebrüdern Grimm)

Rockiges

Die wohl teuerste E-Gitarre der Welt gehörte dem Sänger und Gitarristen Eric Clapton. Er kaufte 1970 für nur wenig Geld sechs E-Gitarren. Aus dreien von diesen bastelte er „Blackie". „Blackie" ist schwarz-weiß und wurde von Eric Clapton auf sehr vielen Konzerten benutzt.
Sie war seine wichtigste Gitarre. Genau aus diesem Grund war das Instrument dann auf einer Auktion 2004 auch so teuer! Sie wurde von Eric Clapton für 959 500 US-Dollar an das „American Guitar Center" verkauft.

Eine der ersten und berühmtesten Rockbands der Welt waren die „Beatles". John Lennon, Paul McCartney, George Harrison und Ringo Star gehörten dieser Band an.
Sie kamen aus Großbritannien.
Ihr Name hat mit der Musikrichtung zu tun, die sie spielen: dem Beat. „To beat" heißt im Englischen „schlagen".
Den Namen Beat verwendet man seit etwa 1960 für Rockmusik. Im gleichen Jahr wurde die Rockband „The Beatles" auch gegründet.

Einen ungewöhnlichen Künstlernamen hat sich der Rockmusiker Jan Ulrich Max Vetter ausgesucht. Er ist Sänger und Gitarrist der deutschen Rockband „Die Ärzte". Diese Band wurde 22 Jahre nach den Beatles gegründet. Weil es sein liebstes Hobby ist, in den Urlaub zu fahren, hat Herr Vetter sich „Farin Urlaub" genannt.
„Farin" hört sich an, als wäre es ein türkischer Name. Dabei wurden nur zwei Wörter vereint.

In Anlehnung an Blues- oder Jazzbands, in deren Bandnamen die Wörter „red" (deutsch: rot), „hot" (deutsch: heiß) und „Chili" (ein scharfes Gewürz) vorkamen, nannte sich eine amerikanische Rockband „Red Hot Chili Peppers". Die Band wurde ein Jahr nach der deutschen Band „Die Ärzte" gegründet. Ihre Lieder sind bis heute äußerst beliebt.
Die heutigen Bandmitglieder trinken nach eigenen Aussagen keinen Alkohol, nehmen keine Drogen und rauchen nicht. Dies war jedoch nicht immer so. Nachdem einige ursprüngliche Mitglieder der Band sehr schlimme Erfahrungen damit gemacht hatten, änderten die späteren Mitglieder ihr Leben und erteilten Alkohol, Drogen und Zigaretten eine Absage.

1 Welche Gitarre sieht aus wie Eric Claptons „Blackie"? Kreise ein.

2 Kreuze richtige Aussagen an.

- [x] Die Bandmitglieder der „Red Hot Chili Peppers" haben aus früheren Fehlern gelernt und halten sich von Drogen, Alkohol und Zigaretten fern.
- [ ] Farin ist ein türkischer Name, den sich der Sänger und Gitarrist der Band „Die Ärzte" gegeben hat.
- [x] Der Band „The Beatles" gehörten insgesamt vier Mitglieder an.
- [ ] Eric Clapton kaufte 1970 seine Gitarre „Blackie".
- [x] Jan Vetter fährt sehr gerne in den Urlaub.
- [ ] 959 500 Euro kostete die teuerste Gitarre der Welt.
- [x] Die Bandmitglieder der Beatles stammten aus Großbritannien.
- [x] Aus drei Gitarren baute Clapton seine wichtigste Gitarre zusammen.
- [ ] Der Name „Red Hot Chili Peppers" setzt sich aus den Namen berühmter Pop- und Rockbands zusammen.
- [ ] Paul Lennon gehörte den Beatles als Mitglied an.

3 Wann wurde welche Band gegründet?

Red Hot Chili Peppers: 1983
Die Ärzte: 1982
The Beatles: 1960

Kennst du diese Redewendungen?

1. Das ist doch eh für die Katz!
2. Wie eine Katze um den heißen Brei herumschleichen.
3. Die Katze aus dem Sack lassen.
4. Ist die Katze aus dem Haus, tanzen die Mäuse auf dem Tisch.
5. Die Katze im Sack kaufen.
6. Die Katze lässt das Mausen nicht.

Welche Redewendung passt zu welcher Erklärung und zu welcher Beispiel-Geschichte? Ordne die Nummern richtig zu.

Erklärungen

2 Um etwas herumreden, nicht zum Wesentlichen der Sache kommen.

1 Etwas ist zwecklos, vergeblich.

6 Wenn jemand eine schlechte Eigenart oder Angewohnheit auslebt und dieses Verhalten nicht unterdrücken kann.

3 Endlich mit der Sprache herausrücken, etwas endlich erzählen.

4 Etwas Verbotenes tun, wenn keine Person da ist, vor der man Respekt oder Angst hat.

5 Etwas unbesehen und ohne genaue Kenntnisse erwerben oder annehmen.

Beispiel-Geschichten

1 Mama hat gerade im Flur gesaugt und gewischt. Da stapft Theo mit seiner halben Fußballertruppe herein. Der Boden ist wieder total dreckig. Mama verdreht die Augen und stöhnt: „Jetzt habe ich völlig umsonst geputzt! Hier schaut es aus, als wäre eine Horde Dreckspatzen durchgelaufen!"

3 Esma wacht an ihrem Geburtstag auf. Sie stürmt nach unten und ruft: „Jetzt verratet mir endlich, was ich bekomme! Ihr habt so ein Geheimnis daraus gemacht! Jetzt will ich wissen, was es ist!" Mutter klärt sie auf: „Papa baut den Speicher aus. Du bekommst endlich ein eigenes Zimmer!"

2 Luis kommt aus der Schule. Papa kocht gerade Mittagessen. Luis beginnt zu stottern: „Du, äh, Papa, … auf dem Heimweg haben wir mit dem Fußball herumgekickt. Und also wirklich, es war gar keine Absicht … Und der Paul, der war eigentlich schuld …" Papa meint: „Jetzt sag halt schon, was passiert ist!"

4 Die Lehrerin Frau Mahler muss wegen einer Durchsage kurz das Klassenzimmer verlassen und ein Telefonat im Büro annehmen. In der Zwischenzeit fangen Lisa und Marcel an, herumzuschreien und mit Papierkügelchen auf ihre Mitschüler zu schießen.

5 Klaus sieht im Prospekt ein Sonderangebot: ein Schlagzeug für nur 199 €! In der Beschreibung steht nicht viel drin und eine Abbildung gibt es auch nicht. Trotzdem bestellt Klaus das Instrument, weil es so billig ist und er nicht so viel von seinem Taschengeld ausgeben will.

6 Tina und Niko wissen, dass sie vor dem Mittagessen keine Süßigkeiten essen dürfen. Trotzdem schleichen sie in die Speisekammer und stibitzen – nicht zum ersten Mal – eine Tafel Schokolade, die sie schnell und heimlich verdrücken.

Ferien-Anzeigen

A Zauberferien

Magst du Harry Potter? Werde Zauberschüler! Ein Zauberlehrer wird euch eine Woche unterrichten. Abends gibt es am Lagerfeuer Zauberer- und Hexengeschichten.
Einmal machen wir eine Nachtwanderung durch den Zauberwald. Wir basteln Kostüme und Zauberzubehör selbst. In der Hexenküche bereiten wir unsere Mahlzeiten gemeinsam zu und mixen Zaubertränke. Es bleibt auch noch genug Zeit zum Faulenzen am Muggelsee.
Als Zauberlehrling wohnst du in 4-Mann-Zelten. Duschen und WCs sind im Haupthaus, das einen Speisesaal hat.
Bitte Schlafsack und 10 € Materialgeld mitbringen!

Eine Woche Kurs vom 13.8. bis 19.8.
mit Unterkunft und Verpflegung kostet 140 €.
Infos unter: 0 87 77/8 93 86 52

B Fußballferien

- Fußballcamp Hohenbrunn
- jede Woche von Anfang August bis 16.9.
- Anmeldung unter Tel.: 0 86 45/85 64

Anfänger oder Profi, hier kommst du garantiert auf deine Kosten. An fünf Tagen gibt es jeweils zwei Trainingseinheiten von je drei Stunden. Wir trainieren in kleinen Gruppen Technik und Spiel. Am Samstag gibt es ein Abschlussturnier, am Sonntag können deine Eltern, wenn sie dich abholen, eure Künste bei einer Vorführung bewundern. Weitere Freizeitaktivitäten: Schwimmen, Tischtennis, Mountainbike. Unsere Herberge hat 2-Bett-Zimmer. Morgens und abends gibt es ein Buffet und mittags warmes Essen.

Kosten: 120 € und 15 € für Bettwäsche

C Reiterferien

Unser Hof hat ausgebildete Betreuer und Pferde zwölf unterschiedlicher Rassen. Jeden Tag sind zwei Reitstunden eingeplant. Nachmittags reiten wir gemeinsam aus. Wer möchte, kann die Prüfung für das „Kleine Hufeisen" ablegen. Einmal fahren wir mit der Kutsche an den Troiensee zum Baden. Abends gibt es lustige Spiele und Geschichten am Lagerfeuer. Ihr übernachtet in einer alten Scheune. Bitte Schlafsack und Kissen mitnehmen! Aufgrund der Gemeinschaftsunterkunft sind diese Wochen nur für Mädchen buchbar.

- 20.8.–26.8., 27.8.–2.9. oder 3.9.–9.9.
- Kosten Vollpension/Reitunterricht: 180 €.
- Reitprüfung: 60 € extra

Buchen bei Pferdetours
unter Tel.: 08 52/94 56 78

D Ferien auf dem Kratzer-Hof

Wir wollen Abenteuer auf einem Bauernhof und in wunderschöner Natur erleben. Ein Ausflug zu einer nahe gelegenen Mühle ist geplant. Gemeinsam lernen wir das Melken von Kühen. Im Bauernhofmuseum Kalling kannst du Töpfern, Spinnen, Weben, Korbflechten und mehr ausprobieren. Bei schlechtem Wetter basteln wir gemeinsam im Mehrzweckraum und lesen Geschichten vor. Am Lagerfeuer bereiten wir Stockbrote zu. Eine Hof-Rallye beendet die Woche vom 5.8.–12.8.

Ruf uns bei Interesse und für mehr Informationen an:
Tel: 0 80 55/23 40

Beantworte die Fragen. Oft reicht es, wenn du den Buchstaben der jeweiligen Anzeige notierst (A, B, C, D).

1. Was kosten die Reitferien mit Prüfung? 240 €
2. Wo können die Eltern am letzten Tag zusehen? B
3. Welche beiden Programme haben viel mit Sport zu tun? B C
4. Was kann man unter der Telefonnummer 0 86 45/85 64 buchen? B
5. Anna möchte im September verreisen. Welche Angebote kommen in Frage? B C

6. Wo wird gemeinsam gekocht? A
7. Wie heißt die Reitprüfung? Kleines Hufeisen
8. Bei welchen Ferien muss man Materialgeld mitbringen? A
9. Wo muss man einen Schlafsack mitbringen? A C
10. Oliver möchte ein Ferienprogramm buchen.
    a) Welches Angebot kann er nicht wahrnehmen? C
    b) Warum? Es gibt nur Gemeinschaftsunterkünfte für Mädchen.

Kreuzworträtsel

1. Ein Tier, das fliegen kann und Eier legt.
2. Ein anderes Wort für Papa.
3. Ein anderes Wort für Zoo.
4. Wenn sich etwas nicht unterscheidet, ist es …
5. Zwei Menschen, die verheiratet sind, führen eine …
6. Ein anderes Wort für Großmutter.
7. Südfrucht, die innen gelb und außen braun ist.
8. Die Hälfte von Acht.
9. Kleines Tier mit sehr vielen Stacheln, das in Österreich lebt.
10. Lastentier, das einem Pferd sehr ähnlich sieht.
11. Große Tiere mit langen Rüsseln und Stoßzähnen aus Elfenbein.
12. Märchengestalt, meist klein und oft mit Flügelchen.
13. Schweres Tier mit einem großen Horn auf dem Kopf.
14. Sie leuchten in der Nacht am Himmel.
15. Tier mit Euter, das Milch gibt.
16. Ein anderes Wort für die Farbe Violett.
17. Kahler Kopf ohne Haare.
18. Raubtier mit schwarzen Streifen.
19. Ein anderes Wort für Violine.
20. Es wächst auf der Wiese. Getrocknet heißt es Heu.
21. Viele winzig kleine Steine, oft kommen sie am Strand vor.
22. Den Weltraum bezeichnet man oft so.
23. Das unterste Geschoss eines Hauses, meist ist es unter der Erde.
24. Ein Wassertier, das fliegen und schwimmen kann.
25. Eine sehr große Ortschaft.
26. Ein Pfad oder eine Straße durch ein Gebiet mit vielen Bäumen.
27. Darin liegen Babys.

Tipp: Bei einem Kreuzworträtsel verwendet man Großbuchstaben.

Kaulquappen im Klassenzimmer

1 Eines Morgens brachte Frau Schmied ein leeres Aquarium mit in ihre Klasse. Im Sitzkreis überlegten die 23 Kinder gemeinsam, was man damit anfangen könnte. Eric und Lukas wollten darin Schlangen züchten, Emily und Sandra dachten an Goldfische. Schließlich hatte Mario eine Idee: „Im Aubach sind viele Kaulquappen. Im Aquarium könnten wir beobachten, wie sie sich zu Fröschen entwickeln.“ Alle waren begeistert. „Super“, meinte Frau Schmied, „wir müssen diese Tierchen aber bald wieder in den Bach zurückbringen, weil sie sich dort wohler fühlen.“

2 Nun wurden die Aufgaben verteilt: Lena, Elias und Hanna wollten sich um die Innenausstattung des Aquariums kümmern. Mario, Max und Tobias sollten die Kaulquappen einfangen. Vier weitere Kinder entschieden sich, im Internet Informationen zu sammeln. Eric, Petra und Luis schlugen vor, in der Zoohandlung nach Tipps für die artgerechte Haltung zu fragen. Drei andere Kinder wollten Wasserpflanzen besorgen. Tim, Lukas und Ali versprachen, eine Wasserpumpe mitzubringen, die bei Tims Eltern im Keller lag. Die restlichen Kinder planten, sich zu treffen, um einen Hintergrund für das Aquarium zu malen.

3 Am nächsten Tag waren alle eifrig bei der Sache. Der Tierhandlungsbesitzer hatte den Kindern Aquariensand geschenkt, den sie gleich einfüllten. So wie er es erklärt hatte, bauten sie aus Steinen Nischen als Verstecke für die Tierchen. Auch trockene Plätze zum Ausruhen gab es. Emily, Charlotte und Felix pflanzten ihre mitgebrachten Wasserpflanzen ein. Schließlich wurde das Becken mit Aubachwasser aufgefüllt und die Pumpe eingebaut. Das Aquarium wurde vor das Plakat gerückt und die Kinder setzten sich davor. Behutsam ließen nun die drei Buben ihre Kaulquappen ins Wasser gleiten. Nils, Sandra, Anna und Laura lasen vor, was sie im Internet gefunden hatten:

4 Im Mai legen die Froschweibchen sehr viele Eier ins Wasser. Die Eier werden von einer durchsichtigen Hülle geschützt. Nach ungefähr vier Wochen schlüpfen winzige Kaulquappen. Sie schwimmen mit einem Ruderschwanz. Durch die Kiemen nehmen sie Sauerstoff aus dem Wasser auf. Sie ernähren sich vorwiegend von Algen und Plankton. Nach einiger Zeit wachsen ihnen zuerst die Hinterbeine und später die Vorderbeine. Die kleinen Frösche können erst nach drei Monaten durch die Lunge atmen.

Froschlaich zu sammeln ist verboten. Kaulquappen dürfen nur kurzzeitig gehalten werden.

1 Unterstreiche alle Dinge, die in das Aquarium hineinkommen.

Wasserpflanzen Steine Frösche Futternapf Aquariensand Fische Wasserpumpe Meerwasser Kaulquappen Aubachwasser Plastikeimer

2 Was wird in den einzelnen Absätzen beschrieben? Verbinde.

Absatz 1	Verteilung der Aufgaben
Absatz 2	Überlegungen zu einem leeren Aquarium
Absatz 3	Vorlesen von Informationen
Absatz 4	Das Einrichten eines Aquariums

3 Die Aufgaben wurden an die Kinder gerecht verteilt.

Wie viele Kinder malten das Plakat? 4 Kinder

4 Nummeriere die Entwicklung eines Frosches der Reihe nach.

Geheime Abmachungen

Fred Finster, Karl Knast und Lilo Langfinger trafen sich im Café am Eck. Sie führten nichts Gutes im Schilde.
„Abam Mobontabag frübüh gebeht ebes lobos“, sagte Fred Finster.
Er ließ seinen Blick durch das Café schweifen, um sicher zu gehen, dass ihnen niemand zuhörte. Aber selbst wenn, war es kein Problem. Denn kaum jemand verstand ihre Geheimsprache. Sie beherrschten diese perfekt und sprachen sie sehr schnell.

„Um wlch Uhrzit solln wir uns trffn?“, fragte Lilo Langfinger.
Ihre Geheimsprache war am schwierigsten auszusprechen, aber sie konnte das trotz ihrer piepsigen, hohen Stimme sehr gut.
„Ächt Ähr, wärdä äch sägän“, schlug Karl Knast vor.
„Aballebes klabar!“
„Abr wir tun dn Bankangstlltn nichts!“
„Nän, wär ärschräckän sä när, sädäss sä äns däs Gäld gäbän.“
„Ubund dabann haubaueben wibir gabanz schnebell abab!“
Die drei lachten nun so laut, dass ein paar Gäste des Cafés sie fragend anschauten.
Im nächsten Augenblick stand ein großer, dünner Mann vom Nebentisch auf, ging auf sie zu und sprach mit tiefer Stimme: „Uch bun un Puluzust. Hub uch uch undluch urwuscht, wus! Us urum Plun wurd ludur nuchts. Uch muss uch sufurt vurhuftun.“
Die drei Banditen sahen sich fragend an. Was sprach dieser Mann nur für eine seltsame Sprache. Und was wollte er von ihnen?

1 Was haben die drei Banditen vor?

- ☐ Sie wollen ein Bild stehlen.
- ☒ Sie wollen eine Bank ausrauben.
- ☐ Sie wollen ein Auto knacken.
- ☐ Sie haben nichts Besonderes vor.

2 Was will der Mann vom Nebentisch von den Banditen?

- ☐ Er ist auch ein Bandit und will ihnen helfen.
- ☐ Er ist ein Ausländer und will sie fragen, welche Sprache sie sprechen.
- ☒ Er ist ein Polizist und will sie verhaften.

3 Übersetze, was der Mann vom Nebentisch sagt.

Ich bin ein Polizist. Hab ich euch endlich erwischt, was!
Aus eurem Plan wird leider nichts.
Ich muss euch sofort verhaften.

4 Wer spricht welche Geheimsprache? Schreibe den Namen dazu.

Fred Finster: Nach jedem Selbstlaut wird ein b eingefügt und der Selbstlaut wiederholt.

Karl Knast: Alle Selbstlaute, Umlaute und Doppellaute werden als Ä/ä gesprochen.

Polizist: Alle Selbstlaute, Umlaute und Doppellaute werden als U/u gesprochen.

Lilo Langfinger: Das E/e wird nicht gesprochen.

5 Wer sagt jeweils diesen Satz?

Fred Finster: „Aballebes klabar!“

Lilo Langfinger: „Abr wir tun dn Bankangstlltn nichts!“

Karl Knast: „Nän, wär ärschräckän sä när, sädäss sä äns däs Gäld gäbän.“

Tag 12

Das Palatschinken-Rezept

Tim möchte Mama mit Heidelbeer-Palatschinken überraschen.
Im Internet findet er auf einer Kinder-Koch-Seite folgenden Rezeptvorschlag:

Zutaten:

- *250 g Mehl*
- *½ l Buttermilch*
- *einen Esslöffel Zucker*
- *drei Eier*
- *75 g Butter*
- *einen Teelöffel Backpulver*
- *125 g Heidelbeeren*
- *250 g Topfen*
- *zwei Päckchen Vanillezucker*
- *etwas Butter zum Ausbacken*
- *Zucker und Zimt zum Bestreuen*

Mische zuerst Mehl, Zucker und das Backpulver in einer Schüssel.
Trenne die Eier in Eigelb und Eiweiß. Gib das Eigelb und die Buttermilch zu den anderen Zutaten in die Schüssel.
Schmelze 75 g Butter in einem kleinen Topf und gib sie ebenfalls dazu.
Verrühre alles miteinander.
Schlage nun das Eiweiß mit dem Mixer steif. Hebe das geschlagene Eiweiß vorsichtig unter den Teig.

Wasche die Heidelbeeren und trockne sie vorsichtig mit Küchenkrepp ab.
Mische die Früchte nun unter den flüssigen Teig.
Erhitze in einer beschichteten Pfanne etwas Butter. Mach die Pfanne aber nicht zu heiß, sonst verbrennt dir die Butter.
Setze mit einem Esslöffel kleine Teighäufchen in die Pfanne.
Backe die Palatschinken etwa drei Minuten von der einen Seite.
Wende sie nun vorsichtig und gare sie von der anderen Seite noch zwei Minuten fertig.

Verrühre den Topfen mit dem Vanillezucker. Füge noch etwas Zucker hinzu, wenn die Creme nicht süß genug ist.
Lege die Palatschinken auf einen Teller, gib auf jeden etwas Vanilletopfen und bestreue alles mit Zimt und Zucker.

Tim hat sich die wichtigsten Schritte stichpunktartig notiert. Leider sind sie ihm etwas durcheinandergeraten. Nummeriere in der richtigen Reihenfolge.

9 Heidelbeeren waschen und trocken tupfen
8 Eiweiß unterheben
2 Mehl, Zucker und Backpulver mischen
3 Eier trennen
1 Zutaten bereitstellen und abwiegen
12 Teighäufchen in die Pfanne geben
10 Heidelbeeren in den Teig geben
5 Butter für den Teig schmelzen und beifügen
4 Eigelb und Buttermilch hinzugeben
6 Schüsselinhalt verrühren
7 Eiweiß steif schlagen
16 Topfen mit Vanillezucker verrühren und süßen
15 2 Minuten auf der anderen Seite backen
13 3 Minuten backen
14 Palatschinken wenden
17 auf einem Teller schön anrichten
11 Butter in der Pfanne vorsichtig erhitzen

Arbeite mit Bleistift! Dann kannst du Fehler ausradieren.

Tag 13

Blattschneiderameisen

In Südamerika sind Blattschneiderameisen weit verbreitet. Sie sind größer als ihre Artgenossen hier bei uns. Wie ihr Name schon andeutet, schneiden sie mit ihren kräftigen Beißwerkzeugen Stücke aus Blättern heraus. Anschließend transportieren sie diese in unterirdische Kammern. Sie ernähren sich aber nicht direkt von den eingetragenen Blättern, sondern zerkauen sie zu einem Brei. Auf diesem Brei züchten sie einen ganz bestimmten Pilz, der ihnen als Nahrung dient.
Die Partnerschaft zwischen Ameise und Pilz ist so eng, dass beide nicht ohneeinander leben können.

Die Blattschneiderameisen leben in riesigen Kolonien mit bis zu drei Millionen Tieren. In so einem Ameisenstaat sind die Aufgaben streng verteilt.
Die größte Ameise ist die **Königin**. Sie kommt nie ans Tageslicht. Als einzige legt sie die Eier, aus denen die Larven schlüpfen, und sorgt so für Nachkommen. Die **Maxima-Arbeiterin** zerschneidet mit ihren kräftigen Beißwerkzeugen Blätter und befördert die Blattteile anschließend zum Bau. Dabei trägt sie die Stücke wie ein aufgespanntes Segel über ihrem Kopf.
Man nennt sie deshalb auch „Sonnenschirm-Ameise".

Am Ameisennest wird die Ladung von den zuständigen, etwas kleineren **Media-Arbeiterinnen** übernommen. Sie schleppen die Blattstückchen nach unten in den Bau und geben sie an die **Minima-Arbeiterinnen**, die kleinsten des Staates, weiter. Diese zerkauen die Teile zu einem Brei. Der Brei dient als Nährboden, auf dem diese speziellen Pilze heranwachsen, die die Ameisen selbst fressen und auch an ihre Larven verfüttern.

Um den Ameisenbau gegen Eindringlinge zu verteidigen, stehen einige besonders große Ameisen bereit: die **Soldaten**. An ihrem Kopf befinden sich beachtliche Beißzangen.

Wenn du dir nicht sicher bist, dann lies im Text noch mal genau nach.

Streiche falsche Aussagen durch.

- ~~Die Blattschneiderameise ist in Europa weit verbreitet.~~
- Sie ist größer als ihre Artgenossen bei uns.
- ~~Mit ihren kräftigen Vorderbeinen schneidet sie Stücke aus den Blättern.~~
- ~~Jungtiere sammeln die Blattstücke ein.~~
- Zwischen Pilz und Ameise besteht eine Partnerschaft.
- ~~Die Königin verlässt ihr Nest zum Eierlegen.~~
- Die Aufgaben in einem Ameisenstaat sind gut verteilt.
- Blattteile werden von den Ameisen wie Segel über dem Kopf getragen.
- ~~Die Königin nennt man auch „Sonnenschirm-Ameise".~~
- Die Maxima-Arbeiterin zerschneidet die Blätter.
- ~~Am Ameisennest übernehmen größere Media-Arbeiterinnen die Blattstücke.~~
- Media-Arbeiterinnen transportieren die Laubteile zum unterirdischen Nestbau.
- ~~Die Blattschneiderameise ernährt sich von Blättern.~~
- Die kleinsten Ameisen sind die Minima-Arbeiterinnen.
- ~~Minima-Arbeiterinnen verschlucken Teile vom Brei.~~
- Bis zu drei Millionen Ameisen leben in einer Kolonie zusammen.
- ~~Ameisen verfüttern Larven an die Pilzstückchen.~~
- ~~Soldaten haben an ihren Beinen besonders große Zangen.~~
- Auf den zerkauten Blattstücken wachsen Pilze.
- Ohne die Ameisen könnten die Pilze nicht leben.
- ~~Bis zu zehn Millionen Ameisen können durch die Pilzzucht ernährt werden.~~

Verdächtige Gestalten

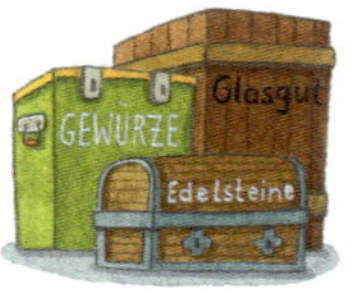

Kapitän Jakobs steuerte nachdenklich das Schiff aus dem Kieler Hafen Richtung Danzig. Die Ladung, die er diesmal an Bord hatte, war besonders wertvoll. Er transportierte zehn grüne Kisten mit weißer Aufschrift, in denen sich Gewürze befanden, acht braune Kisten mit schwarzer Aufschrift, in denen sich Glasgut befand, und zwei ebenfalls braune Kisten, aber mit weißer Aufschrift, in denen Edelsteine gelagert wurden.

Diese Tatsache alleine hätte ihn noch nicht nervös gemacht. Schließlich war er es gewohnt, seine oftmals wertvollen Güter von Deutschland aus zunächst zu der polnischen Hafenstadt, dann nach Lettlands Hauptstadt Riga, schließlich nach Tallinn, der Hauptstadt Estlands, weiter nach dem russischen St. Petersburg und schließlich nach Helsinki, der Hauptstadt Finnlands, zu transportieren. Die letzte Anlaufstelle vor der Rückfahrt nach Kiel war dann immer Stockholm, die Hauptstadt Schwedens. Wenn er bis dahin alle Kisten im richtigen Hafen abgeliefert hatte, war er glücklich.

Was den Kapitän diesmal etwas beunruhigte, waren die drei neuen Matrosen an Bord. Der eine, Fred Johanson, mit seinen auffallend blauen Augen und den braungelockten Haaren, war äußerst wortkarg und förderte selten ein Lächeln zutage. Gerhard Neumann, die andere zwielichtige Gestalt mit der Narbe auf der Nase und dem blonden Lockenkopf, grinste zwar immerzu, war aber ebenfalls wenig gesprächig. Umso mehr quatschte Jens Fleischer, dessen schwarzgelockte Haarpracht bis über die Schultern reichte. Trotzdem kam er dem Kapitän verdächtig vor. Oftmals, wenn er ihn an Deck traf, erschrak Jens und reagierte verlegen, so, als habe er eben etwas angestellt.

Die Edelsteine sollten eigentlich im vorletzten Hafen, den sie vor der Rückkehr nach Kiel anliefen, das Schiff verlassen. Das Glasgut war zur Hälfte für die Hauptstadt Estlands, zur anderen Hälfte für die schöne russische Stadt bestimmt. Die grünen Kisten sollten das Schiff in Danzig und Riga verlassen.

1 Zeichne den Weg des Schiffes ein. Schreibe neben die jeweiligen Städte, welche Güter hier ausgeladen werden sollen.

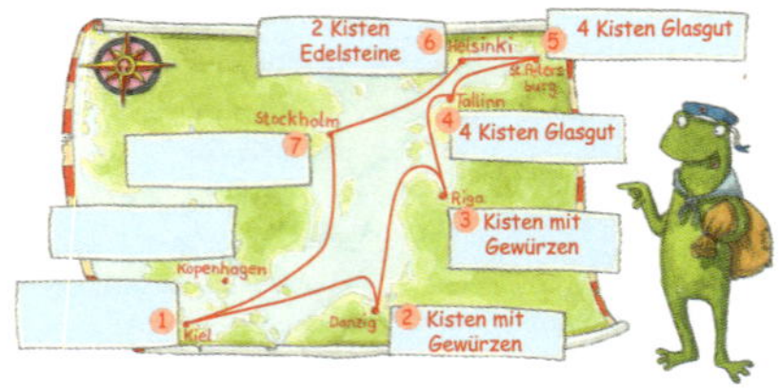

2 Lies das Ende der Geschichte und setze die Lösungen ein.

Der neue braungelockte Matrose mit dem Vornamen Fred lud drei braune Kisten mit schwarzer Aufschrift und eine braune Kiste mit weißer Aufschrift in Tallinn aus. An der zweiten Haltestelle, nämlich in Riga, schaffte der Matrose mit der Narbennase fünf grüne Kisten mit weißer Aufschrift und eine braune Kiste mit schwarzer Aufschrift vom Schiff. Vier braune Kisten mit schwarzer Aufschrift wurden im vierten Anlaufhafen, nämlich in St. Petersburg, durch den redseligen Matrosen Jens Fleischer von Bord gebracht. Zwei braune Kisten, einmal weiß und einmal schwarz beschriftet, verließen in Finnlands Hauptstadt Helsinki durch das tatkräftige Zutun des Mannes mit den blauen Augen, dessen Name Fred Johanson lautete, das Schiff.

Kapitän Jakobs hatte also Recht behalten: Einer der neuen Matrosen hatte eine Kiste Edelsteine in Tallinn unerlaubt von Bord gehen lassen. Und der Name dieses Matrosen war Fred Johanson.

Wissenswertes über unsere Planeten

Es gibt viele verschiedene Sonnensysteme in unserem Weltall. Die meisten haben zwei Sonnen, manche auch mehr oder weniger. In einem dieser Systeme leben wir. Um unsere Sonne wandern ständig acht Planeten in kreisähnlichen Bahnen. Je nach Entfernung von der Sonne, die für die Wärme zuständig ist, herrschen verschiedene Temperaturen auf den Planeten.

Der bräunlich aussehende Merkur ist der kleinste und am nächsten zur Sonne stehende Planet. Seine Oberfläche ähnelt der des Mondes, da sie aus vielen kleinen Kratern (kreisförmigen Vertiefungen) besteht. Tagsüber kann es auf dem Merkur beispielsweise +350 °C heiß werden, nachts ist es dafür eisig kalt, zum Beispiel –170 °C.

Der größte Planet in unserem Sonnensystem ist der Jupiter, der etwa elfmal so groß wie die Erde ist. Er zieht zwischen Mars und Saturn seine Bahnen.

Die Venus hat ihre Umlaufbahn um die Sonne zwischen Merkur und Erde. Sie ist ein wenig kleiner als die Erde und ständig von Wolken umgeben.

Der dritte Planet von der Sonne aus gesehen ist die Erde. Sie erscheint im Weltall blau. Daher nennt man die Erde auch den blauen Planeten.

Von der Sonne aus gesehen ist der vierte Planet der Mars. Er hat eine rötliche Farbe, weil er zu einem großen Teil aus Eisen besteht. Die USA schickten 1997 ein kleines Roboter-Auto auf den Mars. Mit dessen Hilfe wurden Fotos gemacht, die zeigen, dass dort viele große Steinbrocken herumliegen. Auch weiß man, dass es große Vulkane auf diesem Planeten gibt.

Der Saturn ist der sechste Planet in unserem Sonnensystem. Er ist von einem Ring aus herumfliegenden Eisbrocken und Staub umgeben. Neben dem Saturn zieht zunächst der Uranus, dann der Planet Neptun seine Kreise.

Oftmals kreisen Monde um die Planeten. So gehören zum Planeten Neptun elf Monde, zum Planeten Uranus sogar 24 Monde!

1 Schreibe die acht Planeten geordnet nach ihrer Entfernung zur Sonne auf.

1. Merkur
2. Venus
3. Erde
4. Mars
5. Jupiter
6. Saturn
7. Uranus
8. Neptun

2 Um welche Planeten handelt es sich bei diesen Bildern?

Saturn

Mars

3 Streiche falsche Aussagen durch.

- Mithilfe eines Roboterautos konnten vom Mars Bilder gemacht werden.
- ~~Je näher ein Planet an der Sonne ist, desto kälter ist in der Regel seine Durchschnittstemperatur.~~
- Die Oberfläche des Merkurs ähnelt der des Mondes.
- ~~Alle Planeten haben mehrere Monde, die sie umgeben.~~
- Die Erde wird als blauer Planet bezeichnet.
- Große Temperaturunterschiede findet man auf dem Merkur.

Viel Erfolg im neuen Schuljahr!

Beispiel-Geschichten

Mama hat gerade im Flur gesaugt und gewischt. Da stapft Theo mit seiner halben Fußballertruppe herein. Der Boden ist wieder total dreckig. Mama verdreht die Augen und stöhnt: „Jetzt habe ich völlig umsonst geputzt!
Hier schaut es aus, als wäre eine Horde Dreckspatzen durchgelaufen!“

Esma wacht an ihrem Geburtstag auf. Sie stürmt nach unten und ruft: „Jetzt verratet mir endlich, was ich bekomme!
Ihr habt so ein Geheimnis daraus gemacht! Jetzt will ich wissen, was es ist!“ Mutter klärt sie auf: „Papa baut den Speicher aus. Du bekommst endlich ein eigenes Zimmer!“

Luis kommt aus der Schule. Papa kocht gerade Mittagessen. Luis beginnt zu stottern: „Du, äh, Papa, … auf dem Heimweg haben wir mit dem Fußball herumgekickt. Und also wirklich, es war gar keine Absicht … Und der Paul, der war eigentlich schuld …“ Papa meint: „Jetzt sag halt schon, was passiert ist!“

Die Lehrerin Frau Mahler muss wegen einer Durchsage kurz das Klassenzimmer verlassen und ein Telefonat im Büro annehmen. In der Zwischenzeit fangen Lisa und Marcel an, herumzuschreien und mit Papierkügelchen auf ihre Mitschüler zu schießen.

Klaus sieht im Prospekt ein Sonderangebot: ein Schlagzeug für nur 199 €!
In der Beschreibung steht nicht viel drin und eine Abbildung gibt es auch nicht. Trotzdem bestellt Klaus das Instrument, weil es so billig ist und er nicht so viel von seinem Taschengeld ausgeben will.

Tina und Niko wissen, dass sie vor dem Mittagessen keine Süßigkeiten essen dürfen. Trotzdem schleichen sie in die Speisekammer und stibitzen – nicht zum ersten Mal – eine Tafel Schokolade, die sie schnell und heimlich verdrücken.

Ferien-Anzeigen

A Zauberferien

Magst du Harry Potter? Werde Zauberschüler!
Ein Zauberlehrer wird euch eine Woche unterrichten. Abends gibt es am Lagerfeuer Zauberer- und Hexengeschichten.
Einmal machen wir eine Nachtwanderung durch den Zauberwald. Wir basteln Kostüme und Zauberzubehör selbst. In der Hexenküche bereiten wir unsere Mahlzeiten gemeinsam zu und mixen Zaubertränke.
Es bleibt auch noch genug Zeit zum Faulenzen am Muggelsee.
Als Zauberlehrling wohnst du in 4-Mann-Zelten.
Duschen und WCs sind im Haupthaus, das einen Speisesaal hat.
Bitte Schlafsack und 10 € Materialgeld mitbringen!

Eine Woche Kurs vom 13.8. bis 19.8.
mit Unterkunft und Verpflegung kostet 140 €.
Infos unter: 0 87 77/8 93 86 52

B Fußballferien

- Fußballcamp Hohenbrunn
- jede Woche von Anfang August bis 16.9.
- Anmeldung unter Tel.: 0 86 45/85 64

Anfänger oder Profi, hier kommst du garantiert auf deine Kosten. An fünf Tagen gibt es jeweils zwei Trainingseinheiten von je drei Stunden. Wir trainieren in kleinen Gruppen Technik und Spiel. Am Samstag gibt es ein Abschlussturnier, am Sonntag können deine Eltern, wenn sie dich abholen, eure Künste bei einer Vorführung bewundern. Weitere Freizeitaktivitäten: Schwimmen, Tischtennis, Mountainbike. Unsere Herberge hat 2-Bett-Zimmer. Morgens und abends gibt es ein Buffet und mittags warmes Essen.

Kosten: 120 € und 15 € für Bettwäsche

C Reiterferien

Unser Hof hat ausgebildete Betreuer und Pferde zwölf unterschiedlicher Rassen. Jeden Tag sind zwei Reitstunden eingeplant. Nachmittags reiten wir gemeinsam aus. Wer möchte, kann die Prüfung für das „Kleine Hufeisen" ablegen. Einmal fahren wir mit der Kutsche an den Troiensee zum Baden. Abends gibt es lustige Spiele und Geschichten am Lagerfeuer. Ihr übernachtet in einer alten Scheune. Bitte Schlafsack und Kissen mitnehmen! Aufgrund der Gemeinschaftsunterkunft sind diese Wochen nur für Mädchen buchbar.

- 20.8.–26.8., 27.8.–2.9. oder 3.9.–9.9.
- Kosten Vollpension/Reitunterricht: 180 €.
- Reitprüfung: 60 € extra

Buchen bei Pferdetours
unter Tel.: 08 52/94 56 78

D Ferien auf dem Kratzer-Hof

Wir wollen Abenteuer auf einem Bauernhof und in wunderschöner Natur erleben.
Ein Ausflug zu einer nahe gelegenen Mühle ist geplant. Gemeinsam lernen wir das Melken von Kühen. Im Bauernhofmuseum Kalling kannst du Töpfern, Spinnen, Weben, Korbflechten und mehr ausprobieren.
Bei schlechtem Wetter basteln wir gemeinsam im Mehrzweckraum und lesen Geschichten vor. Am Lagerfeuer bereiten wir Stockbrote zu. Eine Hof-Rallye beendet die Woche vom 5.8.–12.8.

Ruf uns bei Interesse und für mehr Informationen an:
Tel: 0 80 55/23 40

Beantworte die Fragen. Oft reicht es, wenn du den Buchstaben der jeweiligen Anzeige notierst (A, B, C, D).

1 **Was kosten die Reitferien mit Prüfung?** ____________

2 **Wo können die Eltern am letzten Tag zusehen?** ____

3 **Welche beiden Programme haben viel mit Sport zu tun?** ____ ____

4 **Was kann man unter der Telefonnummer 0 86 45/85 64 buchen?** ____

5 **Anna möchte im September verreisen.**
Welche Angebote kommen in Frage? ____ ____

6 **Wo wird gemeinsam gekocht?** ____

7 **Wie heißt die Reitprüfung?** ________________________________

8 **Bei welchen Ferien muss man Materialgeld mitbringen?** ____

9 **Wo muss man einen Schlafsack mitbringen?** ____ ____

10 **Oliver möchte ein Ferienprogramm buchen.**

a) Welches Angebot kann er nicht wahrnehmen? ____

b) Warum? ________________________________

____

Kreuzworträtsel

1 Ein Tier, das fliegen kann und Eier legt.

2 Ein anderes Wort für Papa.

3 Ein anderes Wort für Zoo.

4 Wenn sich etwas nicht unterscheidet, ist es …

5 Zwei Menschen, die verheiratet sind, führen eine …

6 Ein anderes Wort für Großmutter.

7 Südfrucht, die innen gelb und außen braun ist.

8 Die Hälfte von Acht.

9 Kleines Tier mit sehr vielen Stacheln, das in Österreich lebt.

10 Lastentier, das einem Pferd sehr ähnlich sieht.

11 Große Tiere mit langen Rüsseln und Stoßzähnen aus Elfenbein.

12 Märchengestalt, meist klein und oft mit Flügelchen.

13 Schweres Tier mit einem großen Horn auf dem Kopf.

14 Sie leuchten in der Nacht am Himmel.

15 Tier mit Euter, das Milch gibt.

16 Ein anderes Wort für die Farbe Violett.

17 Kahler Kopf ohne Haare.

18 Raubtier mit schwarzen Streifen.

19 Ein anderes Wort für Violine.

20 Es wächst auf der Wiese. Getrocknet heißt es Heu.

21 Viele winzig kleine Steine, oft kommen sie am Strand vor.

22 Den Weltraum bezeichnet man oft so.

23 Das unterste Geschoss eines Hauses, meist ist es unter der Erde.

24 Ein Wassertier, das fliegen und schwimmen kann.

25 Eine sehr große Ortschaft.

26 Ein Pfad oder eine Straße durch ein Gebiet mit vielen Bäumen.

27 Darin liegen Babys.

Tipp: Bei einem Kreuzworträtsel verwendet man Großbuchstaben.

1
3
2
5
11
10
4
6
12
9
13
8
7
17
14
16
15
23
19
21
18
20
22
25
27
24
26

Kaulquappen im Klassenzimmer

1 Eines Morgens brachte Frau Schmied ein leeres Aquarium mit in ihre Klasse. Im Sitzkreis überlegten die 23 Kinder gemeinsam, was man damit anfangen könnte. Eric und Lukas wollten darin Schlangen züchten, Emily und Sandra dachten an Goldfische. Schließlich hatte Mario eine Idee: „Im Aubach sind viele Kaulquappen. Im Aquarium könnten wir beobachten, wie sie sich zu Fröschen entwickeln.“ Alle waren begeistert. „Super“, meinte Frau Schmied, „wir müssen diese Tierchen aber bald wieder in den Bach zurückbringen, weil sie sich dort wohler fühlen.“

2 Nun wurden die Aufgaben verteilt: Lena, Elias und Hanna wollten sich um die Innenausstattung des Aquariums kümmern. Mario, Max und Tobias sollten die Kaulquappen einfangen. Vier weitere Kinder entschieden sich, im Internet Informationen zu sammeln. Eric, Petra und Luis schlugen vor, in der Zoohandlung nach Tipps für die artgerechte Haltung zu fragen. Drei andere Kinder wollten Wasserpflanzen besorgen. Tim, Lukas und Ali versprachen, eine Wasserpumpe mitzubringen, die bei Tims Eltern im Keller lag. Die restlichen Kinder planten, sich zu treffen, um einen Hintergrund für das Aquarium zu malen.

3 Am nächsten Tag waren alle eifrig bei der Sache. Der Tierhandlungsbesitzer hatte den Kindern Aquariensand geschenkt, den sie gleich einfüllten. So wie er es erklärt hatte, bauten sie aus Steinen Nischen als Verstecke für die Tierchen. Auch trockene Plätze zum Ausruhen gab es. Emily, Charlotte und Felix pflanzten ihre mitgebrachten Wasserpflanzen ein. Schließlich wurde das Becken mit Aubachwasser aufgefüllt und die Pumpe eingebaut. Das Aquarium wurde vor das Plakat gerückt und die Kinder setzten sich davor. Behutsam ließen nun die drei Buben ihre Kaulquappen ins Wasser gleiten. Nils, Sandra, Anna und Laura lasen vor, was sie im Internet gefunden hatten:

4 Im Mai legen die Froschweibchen sehr viele Eier ins Wasser.
Die Eier werden von einer durchsichtigen Hülle geschützt.
Nach ungefähr vier Wochen schlüpfen winzige Kaulquappen.
Sie schwimmen mit einem Ruderschwanz.
Durch die Kiemen nehmen sie Sauerstoff aus dem Wasser auf.
Sie ernähren sich vorwiegend von Algen und Plankton.
Nach einiger Zeit wachsen ihnen zuerst die Hinterbeine
und später die Vorderbeine.
Die kleinen Frösche können erst nach drei Monaten
durch die Lunge atmen.

1 **Unterstreiche alle Dinge, die in das Aquarium hineinkommen.**

Wasserpflanzen Steine Frösche Futternapf Aquariensand Fische

Wasserpumpe Meerwasser Kaulquappen Aubachwasser Plastikeimer

2 **Was wird in den einzelnen Absätzen beschrieben? Verbinde.**

Absatz 1	Verteilung der Aufgaben
Absatz 2	Überlegungen zu einem leeren Aquarium
Absatz 3	Vorlesen von Informationen
Absatz 4	Das Einrichten eines Aquariums

3 **Die Aufgaben wurden an die Kinder gerecht verteilt.**

Wie viele Kinder malten das Plakat? ______________________

4 **Nummeriere die Entwicklung eines Frosches der Reihe nach.**

☐ 

☐ 

☐ 

☐ 

☐ 

☐ 

Geheime Abmachungen

Fred Finster, Karl Knast und Lilo Langfinger trafen sich im Café am Eck. Sie führten nichts Gutes im Schilde.
„Abam Mobontabag frübüh gebeht ebes lobos“, sagte Fred Finster.
Er ließ seinen Blick durch das Café schweifen, um sicher zu gehen, dass ihnen niemand zuhörte. Aber selbst wenn, war es kein Problem. Denn kaum jemand verstand ihre Geheimsprache. Sie beherrschten diese perfekt und sprachen sie sehr schnell.

„Um wlch Uhrzit solln wir uns trffn?“, fragte Lilo Langfinger.
Ihre Geheimsprache war am schwierigsten auszusprechen, aber sie konnte das trotz ihrer piepsigen, hohen Stimme sehr gut.
„Ächt Ähr, wärdä äch sägän“, schlug Karl Knast vor.
„Aballebes klabar!“
„Abr wir tun dn Bankangstlltn nichts!“
„Nän, wär ärschräckän sä När, sädäss sä äns däs Gäld gäbän.“
„Ubund dabann haubaueben wibir gabanz schnebell abab!“
Die drei lachten nun so laut, dass ein paar Gäste des Cafés sie fragend anschauten.
Im nächsten Augenblick stand ein großer, dünner Mann vom Nebentisch auf, ging auf sie zu und sprach mit tiefer Stimme: „Uch bun un Puluzust. Hub uch uch undluch urwuscht, wus! Us urum Plun wurd ludur nuchts. Uch muss uch sufurt vurhuften.“
Die drei Banditen sahen sich fragend an. Was sprach dieser Mann nur für eine seltsame Sprache. Und was wollte er von ihnen?

1 **Was haben die drei Banditen vor?**

- ☐ Sie wollen ein Bild stehlen.
- ☐ Sie wollen eine Bank ausrauben.
- ☐ Sie wollen ein Auto knacken.
- ☐ Sie haben nichts Besonderes vor.

2 **Was will der Mann vom Nebentisch von den Banditen?**

- ☐ Er ist auch ein Bandit und will ihnen helfen.
- ☐ Er ist ein Ausländer und will sie fragen, welche Sprache sie sprechen.
- ☐ Er ist ein Polizist und will sie verhaften.

3 **Übersetze, was der Mann vom Nebentisch sagt.**

____

____

____

4 **Wer spricht welche Geheimsprache? Schreibe den Namen dazu.**

____________________: Nach jedem Selbstlaut wird ein b eingefügt und der Selbstlaut wiederholt.

____________________: Alle Selbstlaute, Umlaute und Doppellaute werden als Ä/ä gesprochen.

____________________: Alle Selbstlaute, Umlaute und Doppellaute werden als U/u gesprochen.

____________________: Das E/e wird nicht gesprochen.

5 **Wer sagt jeweils diesen Satz?**

____________________: „Aballebes klabar!“

____________________: „Abr wir tun dn Bankangstlltn nichts!“

____________________: „Nän, wär ärschräckän sä När, sädäss sä äns däs Gäld gäbän.“

Das Palatschinken-Rezept

Tim möchte Mama mit Heidelbeer-Palatschinken überraschen.
Im Internet findet er auf einer Kinder-Koch-Seite folgenden Rezeptvorschlag:

Zutaten:

- *250 g Mehl*
- *$\frac{1}{2}$ l Buttermilch*
- *einen Esslöffel Zucker*
- *drei Eier*
- *75 g Butter*
- *einen Teelöffel Backpulver*
- *125 g Heidelbeeren*
- *250 g Topfen*
- *zwei Päckchen Vanillezucker*
- *etwas Butter zum Ausbacken*
- *Zucker und Zimt zum Bestreuen*

Mische zuerst Mehl, Zucker und das Backpulver in einer Schüssel.
Trenne die Eier in Eigelb und Eiweiß. Gib das Eigelb und die Buttermilch zu den anderen Zutaten in die Schüssel.
Schmelze 75 g Butter in einem kleinen Topf und gib sie ebenfalls dazu.
Verrühre alles miteinander.
Schlage nun das Eiweiß mit dem Mixer steif. Hebe das geschlagene Eiweiß vorsichtig unter den Teig.

Wasche die Heidelbeeren und trockne sie vorsichtig mit Küchenkrepp ab.
Mische die Früchte nun unter den flüssigen Teig.
Erhitze in einer beschichteten Pfanne etwas Butter. Mach die Pfanne aber nicht zu heiß, sonst verbrennt dir die Butter.
Setze mit einem Esslöffel kleine Teighäufchen in die Pfanne.
Backe die Palatschinken etwa drei Minuten von der einen Seite.
Wende sie nun vorsichtig und gare sie von der anderen Seite noch zwei Minuten fertig.

Verrühre den Topfen mit dem Vanillezucker. Füge noch etwas Zucker hinzu, wenn die Creme nicht süß genug ist.
Lege die Palatschinken auf einen Teller, gib auf jeden etwas Vanilletopfen und bestreue alles mit Zimt und Zucker.

Tim hat sich die wichtigsten Schritte stichpunktartig notiert. Leider sind sie ihm etwas durcheinandergeraten. Nummeriere in der richtigen Reihenfolge.

_____ Heidelbeeren waschen und trocken tupfen

_____ Eiweiß unterheben

_____ Mehl, Zucker und Backpulver mischen

_____ Eier trennen

_____ Zutaten bereitstellen und abwiegen

_____ Teighäufchen in die Pfanne geben

_____ Heidelbeeren in den Teig geben

_____ Butter für den Teig schmelzen und beifügen

_____ Eigelb und Buttermilch hinzugeben

_____ Schüsselinhalt verrühren

_____ Eiweiß steif schlagen

_____ Topfen mit Vanillezucker verrühren und süßen

_____ 2 Minuten auf der anderen Seite backen

_____ 3 Minuten backen

_____ Palatschinken wenden

_____ auf einem Teller schön anrichten

_____ Butter in der Pfanne vorsichtig erhitzen

Blattschneiderameisen

In Südamerika sind Blattschneiderameisen weit verbreitet. Sie sind größer als ihre Artgenossen hier bei uns. Wie ihr Name schon andeutet, schneiden sie mit ihren kräftigen Beißwerkzeugen Stücke aus Blättern heraus. Anschließend transportieren sie diese in unterirdische Kammern. Sie ernähren sich aber nicht direkt von den eingetragenen Blättern, sondern zerkauen sie zu einem Brei. Auf diesem Brei züchten sie einen ganz bestimmten Pilz, der ihnen als Nahrung dient.
Die Partnerschaft zwischen Ameise und Pilz ist so eng, dass beide nicht ohneeinander leben können.

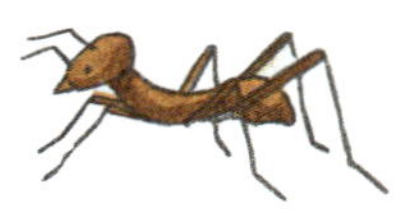

Die Blattschneiderameisen leben in riesigen Kolonien mit bis zu drei Millionen Tieren. In so einem Ameisenstaat sind die Aufgaben streng verteilt.
Die größte Ameise ist die **Königin**. Sie kommt nie ans Tageslicht. Als einzige legt sie die Eier, aus denen die Larven schlüpfen, und sorgt so für Nachkommen. Die **Maxima-Arbeiterin** zerschneidet mit ihren kräftigen Beißwerkzeugen Blätter und befördert die Blattteile anschließend zum Bau. Dabei trägt sie die Stücke wie ein aufgespanntes Segel über ihrem Kopf. Man nennt sie deshalb auch „Sonnenschirm-Ameise“.

Am Ameisennest wird die Ladung von den zuständigen, etwas kleineren **Media-Arbeiterinnen** übernommen. Sie schleppen die Blattstückchen nach unten in den Bau und geben sie an die **Minima-Arbeiterinnen**, die kleinsten des Staates, weiter. Diese zerkauen die Teile zu einem Brei. Der Brei dient als Nährboden, auf dem diese speziellen Pilze heranwachsen, die die Ameisen selbst fressen und auch an ihre Larven verfüttern.

Um den Ameisenbau gegen Eindringlinge zu verteidigen, stehen einige besonders große Ameisen bereit: die **Soldaten**. An ihrem Kopf befinden sich beachtliche Beißzangen.

Wenn du dir nicht sicher bist, dann lies im Text noch mal genau nach.

Streiche falsche Aussagen durch.

- Die Blattschneiderameise ist in Europa weit verbreitet.
- Sie ist größer als ihre Artgenossen bei uns.
- Mit ihren kräftigen Vorderbeinen schneidet sie Stücke aus den Blättern.
- Jungtiere sammeln die Blattstücke ein.
- Zwischen Pilz und Ameise besteht eine Partnerschaft.
- Die Königin verlässt ihr Nest zum Eierlegen.
- Die Aufgaben in einem Ameisenstaat sind gut verteilt.
- Blattteile werden von den Ameisen wie Segel über dem Kopf getragen.
- Die Königin nennt man auch „Sonnenschirm-Ameise“.
- Die Maxima-Arbeiterin zerschneidet die Blätter.
- Am Ameisennest übernehmen größere Media-Arbeiterinnen die Blattstücke.
- Media-Arbeiterinnen transportieren die Laubteile zum unterirdischen Nestbau.
- Die Blattschneiderameise ernährt sich von Blättern.
- Die kleinsten Ameisen sind die Minima-Arbeiterinnen.
- Minima-Arbeiterinnen verschlucken Teile vom Brei.
- Bis zu drei Millionen Ameisen leben in einer Kolonie zusammen.
- Ameisen verfüttern Larven an die Pilzstückchen.
- Soldaten haben an ihren Beinen besonders große Zangen.
- Auf den zerkauten Blattstücken wachsen Pilze.
- Ohne die Ameisen könnten die Pilze nicht leben.
- Bis zu zehn Millionen Ameisen können durch die Pilzzucht ernährt werden.

Verdächtige Gestalten

Kapitän Jakobs steuerte nachdenklich das Schiff aus dem Kieler Hafen Richtung Danzig. Die Ladung, die er diesmal an Bord hatte, war besonders wertvoll. Er transportierte zehn grüne Kisten mit weißer Aufschrift, in denen sich Gewürze befanden, acht braune Kisten mit schwarzer Aufschrift, in denen sich Glasgut befand, und zwei ebenfalls braune Kisten, aber mit weißer Aufschrift, in denen Edelsteine gelagert wurden.

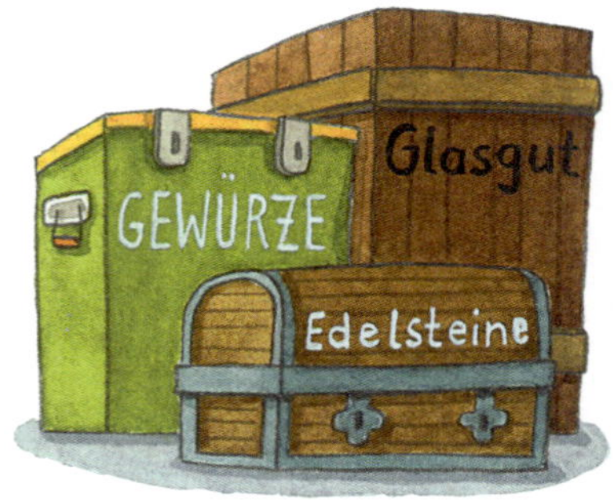

Diese Tatsache alleine hätte ihn noch nicht nervös gemacht. Schließlich war er es gewohnt, seine oftmals wertvollen Güter von Deutschland aus zunächst zu der polnischen Hafenstadt, dann nach Lettlands Hauptstadt Riga, schließlich nach Tallinn, der Hauptstadt Estlands, weiter nach dem russischen St. Petersburg und schließlich nach Helsinki, der Hauptstadt Finnlands, zu transportieren. Die letzte Anlaufstelle vor der Rückfahrt nach Kiel war dann immer Stockholm, die Hauptstadt Schwedens. Wenn er bis dahin alle Kisten im richtigen Hafen abgeliefert hatte, war er glücklich.

Was den Kapitän diesmal etwas beunruhigte, waren die drei neuen Matrosen an Bord. Der eine, Fred Johanson, mit seinen auffallend blauen Augen und den braungelockten Haaren, war äußerst wortkarg und förderte selten ein Lächeln zutage. Gerhard Neumann, die andere zwielichtige Gestalt mit der Narbe auf der Nase und dem blonden Lockenkopf, grinste zwar immerzu, war aber ebenfalls wenig gesprächig. Umso mehr quatschte Jens Fleischer, dessen schwarzgelockte Haarpracht bis über die Schultern reichte. Trotzdem kam er dem Kapitän verdächtig vor. Oftmals, wenn er ihn an Deck traf, erschrak Jens und reagierte verlegen, so, als habe er eben etwas angestellt.

Die Edelsteine sollten eigentlich im vorletzten Hafen, den sie vor der Rückkehr nach Kiel anliefen, das Schiff verlassen. Das Glasgut war zur Hälfte für die Hauptstadt Estlands, zur anderen Hälfte für die schöne russische Stadt bestimmt. Die grünen Kisten sollten das Schiff in Danzig und Riga verlassen.

1 **Zeichne den Weg des Schiffes ein. Schreibe neben die jeweiligen Städte, welche Güter hier ausgeladen werden sollen.**

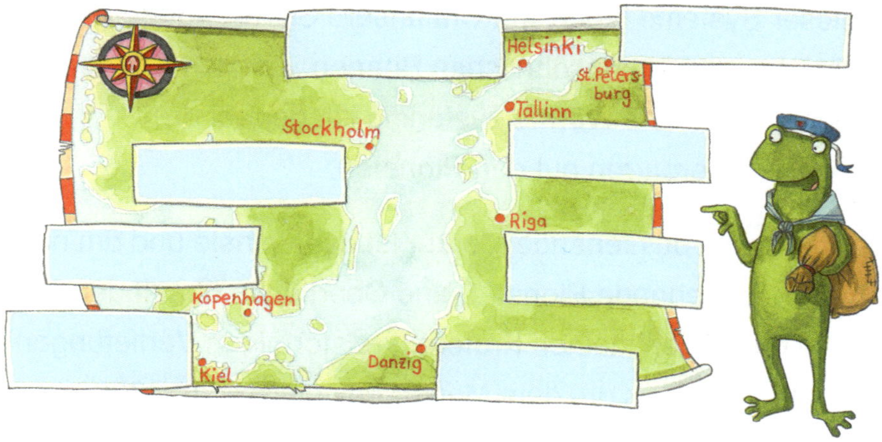

2 **Lies das Ende der Geschichte und setze die Lösungen ein.**

Der neue braungelockte Matrose mit dem Vornamen ______________________ lud drei braune Kisten mit schwarzer Aufschrift und eine braune Kiste mit weißer Aufschrift in Tallinn aus. An der zweiten Haltestelle, nämlich in ______________________, schaffte der Matrose mit der Narbennase fünf grüne Kisten mit weißer Aufschrift und eine braune Kiste mit schwarzer Aufschrift vom Schiff. Vier braune Kisten mit schwarzer Aufschrift wurden im vierten Anlaufhafen, nämlich in ______________________, durch den redseligen Matrosen ______________________ von Bord gebracht. Zwei braune Kisten, einmal weiß und einmal schwarz beschriftet, verließen in Finnlands Hauptstadt ______________________ durch das tatkräftige Zutun des Mannes mit den blauen Augen, dessen Name ______________________ lautete, das Schiff.
Kapitän ______________________ hatte also Recht behalten: Einer der neuen Matrosen hatte eine Kiste Edelsteine in ______________________ unerlaubt von Bord gehen lassen. Und der Name dieses Matrosen war ______________________.

Wissenswertes über unsere Planeten

Es gibt viele verschiedene Sonnensysteme in unserem Weltall. Die meisten haben zwei Sonnen, manche auch mehr oder weniger. In einem dieser Systeme leben wir. Um unsere Sonne wandern ständig acht Planeten in kreisähnlichen Bahnen. Je nach Entfernung von der Sonne, die für die Wärme zuständig ist, herrschen verschiedene Temperaturen auf den Planeten.

Der bräunlich aussehende Merkur ist der kleinste und am nächsten zur Sonne stehende Planet. Seine Oberfläche ähnelt der des Mondes, da sie aus vielen kleinen Kratern (kreisförmigen Vertiefungen) besteht. Tagsüber kann es auf dem Merkur beispielsweise +350 °C heiß werden, nachts ist es dafür eisig kalt, zum Beispiel –170 °C.

Der größte Planet in unserem Sonnensystem ist der Jupiter, der etwa elfmal so groß wie die Erde ist. Er zieht zwischen Mars und Saturn seine Bahnen.

Die Venus hat ihre Umlaufbahn um die Sonne zwischen Merkur und Erde. Sie ist ein wenig kleiner als die Erde und ständig von Wolken umgeben.

Der dritte Planet von der Sonne aus gesehen ist die Erde. Sie erscheint im Weltall blau. Daher nennt man die Erde auch den blauen Planeten.

Von der Sonne aus gesehen ist der vierte Planet der Mars. Er hat eine rötliche Farbe, weil er zu einem großen Teil aus Eisen besteht. Die USA schickten 1997 ein kleines Roboter-Auto auf den Mars. Mit dessen Hilfe wurden Fotos gemacht, die zeigen, dass dort viele große Steinbrocken herumliegen. Auch weiß man, dass es große Vulkane auf diesem Planeten gibt.

Der Saturn ist der sechste Planet in unserem Sonnensystem. Er ist von einem Ring aus herumfliegenden Eisbrocken und Staub umgeben. Neben dem Saturn zieht zunächst der Uranus, dann der Planet Neptun seine Kreise.

Oftmals kreisen Monde um die Planeten. So gehören zum Planeten Neptun elf Monde, zum Planeten Uranus sogar 24 Monde!

1 **Schreibe die acht Planeten geordnet nach ihrer Entfernung zur Sonne auf.**

1. ______________________________
2. ______________________________
3. ______________________________
4. ______________________________
5. ______________________________
6. ______________________________
7. ______________________________
8. ______________________________

2 **Um welche Planeten handelt es sich bei diesen Bildern?**

______________________________ ______________________________

3 **Streiche falsche Aussagen durch.**

- Mithilfe eines Roboterautos konnten vom Mars Bilder gemacht werden.
- Je näher ein Planet an der Sonne ist, desto kälter ist in der Regel seine Durchschnittstemperatur.
- Die Oberfläche des Merkurs ähnelt der des Mondes.
- Alle Planeten haben mehrere Monde, die sie umgeben.
- Die Erde wird als blauer Planet bezeichnet.
- Große Temperaturunterschiede findet man auf dem Merkur.

Textarten-Überblick

Diese Seiten geben einen Überblick, welche Textarten in diesem Ferienheft vorkommen und welche Aufgabenstellungen damit verbunden sind.

Gebrauchstexte

Sachtexte

Texte zum Knobeln und Nachdenken

Spaß mit Witzen

Gehen zwei Zahnstocher auf der Wiese spazieren. Auf einmal läuft ein Igel vorbei. Sagt der eine Zahnstocher zu dem anderen: „Ich wusste nicht, dass hier ein Bus fährt!"

Hansi fragt Papa: „Können wir mit dem Schwimmunterricht aufhören?" Papa erstaunt: „Macht es dir keinen Spaß mehr?" Hansi antwortet: „Doch, aber ich habe keinen Durst mehr!"

Treffen sich zwei Tankzapfsäulen. Fragt die eine: „Na, wie geht's?" Antwortet die andere: „Super! Und dir?" „Normal!"

Die Lehrerin schreibt 3:3 an die Tafel. „Was ist das?", will sie wissen. Fritzchen ruft: „Unentschieden!"

Der Lehrer schimpft: „Das Einmaleins muss wie aus der Pistole geschossen kommen! Helga, wie viel ist 3 mal 2?"
Helga: „Peng, Peng, Peng, Peng, Peng, Peng!"

Das Telefon klingelt. Steffi: „Papa, es ist Naomis Vater. Er möchte wissen, wann du mit meinen Hausaufgaben fertig bist. Er möchte sie dann abschreiben!"

Benno schwärmt: „Oma, das Schlagzeug war das tollste Weihnachtsgeschenk, das ich je von dir bekommen habe. Mama gibt mir jeden Tag 5 €, wenn ich nicht darauf spiele!"

Für weitere Informationen steht Ihnen gerne Ihre VERITAS-Kundenberatung zur Verfügung.
Rufen Sie einfach an, schicken Sie ein Fax oder ein E-Mail!
Tel. 0043/(0)732/776451/2280, Fax: 0043/(0)732/776451/2239
E-Mail: kundenberatung@veritas.at
Besuchen Sie uns auf unserer Website www.veritas.at

Originaltitel: Deutsch-Stars 4 Lesetraining
Erarbeitet von: Cornelia Scholtes, Ursula von Kuester, Annette Webersberger

3. Auflage (2017) entspricht der Rechtschreibreform 2006.

Gedruckt in Österreich auf umweltfreundlich hergestelltem Papier
Lektorat: Antje Bauditz, Klaus Kopinitsch
Bildredaktion: Alexandra Rittberger
Herstellung, Umschlaggestaltung und Layout: Andrea Hackl, Alice Wüst, Julia Bamberger
Illustrationen: Sandra Reckers, Münster; Detlef Seidensticker, München
Umschlagfoto: ms.foto.group/Linz
Satz: MOOI Design

ISBN 978-3-7101-0380-3

Puzzle